Sommaire

INFO DU CHEF
Les températures indiquées dans ce livre font référence aux fours traditionnels ; si vous avez un four à chaleur tournante, diminuez les températures de 10 à 20 °C.

Les bons gestes

PARER LE CRESSON
Utilisez des ciseaux pour retirer les racines puis éliminez les tiges fanées.

PARER LES ASPERGES
Coupez l'extrémité dure puis tenez la base de la tige d'une main, la pointe de l'autre main, et courbez-la pour qu'elle se casse à la jonction des parties tendre et dure. Pelez la tige.

PARER UNE BETTERAVE
Coupez les tiges à 2 cm de la racine et conservez la queue afin qu'elle ne perde pas trop de jus et qu'elle conserve sa couleur à la cuisson.

LAVER UN POIREAU
Coupez-le en deux dans la longueur sans le séparer à la base. Écartez les feuilles et lavez-le sous l'eau froide. Cela permet de retirer la terre présente dans les feuilles.

DÉTACHER LES GRAINS D'UN ÉPI DE MAÏS FRAIS
Retirez les feuilles et les barbes (les fils) et coupez l'un des côtés pour pouvoir poser l'épi à plat. À l'aide d'un couteau de cuisine à grande lame, coupez l'épi le plus près possible du cœur pour détacher les grains.

FAIRE UNE OMELETTE FINE
Fouettez les œufs et versez-les dans un wok chaud légèrement huilé (ou une grande poêle). Penchez le wok pour recouvrir les parois avec les œufs. Faites cuire selon le degré de cuisson souhaité.

ÉCRASER DE L'AIL
Pressez énergiquement une gousse d'ail non pelée avec le plat d'un grand couteau de cuisine. Retirez la pelure et hachez l'ail finement avec le couteau. Vous pouvez également utiliser un presse-ail, qui permet à l'ail de passer à travers les trous tandis que la pelure reste dans l'appareil.

DÉTACHER DES FEUILLES DE THYM FRAIS
Tenez le sommet de la tige de thym d'une main et effeuillez-la de l'autre main en la glissant le long de la tige. Les minuscules rameaux qui se détachent peuvent également être utilisés.

OUVRIR UNE NOIX DE COCO VERTE (1)
Utilisez un grand couteau de cuisine pour inciser le sommet de la noix.

OUVRIR UNE NOIX DE COCO VERTE (2)
Continuez à couper avec le couteau en appuyant fermement jusqu'à ce que le sommet se détache.

OUVRIR UNE NOIX DE COCO VERTE (3)
Retirez le sommet de la noix de coco et versez l'eau de coco qui se trouve à l'intérieur dans un récipient.

ÉVIDER UNE POMME
Insérez un vide-pomme au centre de la pomme et sortez-le en le tournant pour retirer le cœur de la pomme.

TRANCHER UN POIVRON
Retirez le sommet et la base. Coupez le poivron en deux de haut en bas et retirez les graines et les membranes blanches. Coupez la chair en suivant les instructions.

COUPER UN OIGNON EN QUARTIERS
Coupez l'oignon en deux verticalement, en tranchant aussi la base. Pelez et posez le demi-oignon à plat. Coupez-le en quartiers sans trancher complètement la base.

RETIRER LA PULPE ET LES PÉPINS D'UNE GRENADE
Coupez celle-ci en deux et maintenez-la au-dessus d'un saladier. Donnez de petits coups secs dessus avec une cuillère en bois : les pépins et la pulpe tomberont tout seuls. Sinon, prélevez-les avec une petite cuillère.

ÉQUEUTER UNE FRAISE
La queue, appelée calice, est la partie verte située au-dessus de la fraise. Lavez et égouttez les fraises avant de les équeuter. Coupez-les autour du calice et dans la partie pâle de la chair afin de retirer le calice.

4 PERS. | Préparation + cuisson **30 minutes**

BRUNCHS

Œufs brouillés au chorizo et tortillas

INGRÉDIENTS
8 œufs
125 ml de crème liquide
1 chorizo (125 g)
1 c. à s. d'huile d'olive
4 c. à s. de coriandre fraîche finement hachée
4 tortillas de blé
125 ml de sauce pimentée sucrée

1. Fouettez les œufs et la crème dans un saladier. Assaisonnez.
2. Retirez la peau du chorizo et hachez-le finement. Faites chauffer l'huile d'olive dans une poêle moyenne et faites dorer le chorizo en remuant. Ajoutez les œufs battus, attendez quelques secondes, puis remuez à l'aide d'une spatule en grattant le fond de la poêle. Faites cuire jusqu'à ce que les œufs soient crémeux et baveux. Retirez du feu et ajoutez la coriandre. Assaisonnez.
3. Pendant ce temps, préchauffez le gril du four. Faites griller les tortillas environ 1 minute de chaque côté jusqu'à ce qu'elles soient légèrement dorées.
4. Servez les œufs nappés de sauce et accompagnés de tortillas.

ASTUCE DU CHEF
Si les tortillas sont un peu trop sèches, trempez-les quelques secondes dans l'eau et passez-les au micro-ondes 20 secondes environ.

566 KCAL PAR PORTION / LIPIDES **41,2 G** dont 16,8 G de graisses saturées
GLUCIDES **25,7 G** / PROTÉINES **24,2 G** / FIBRES **2,6 G**

4 PERS. | Préparation + cuisson **50 minutes**

Œufs pochés, polenta à la truffe et salsa verde

INGRÉDIENTS
8 œufs
1 c. à s. de vinaigre d'alcool blanc
500 ml de bouillon de légumes ou de poulet
1 litre de lait
170 g de polenta
40 g de parmesan grossièrement râpé
40 g de beurre
½ c. à c. d'huile parfumée à la truffe blanche

SALSA VERDE
1 gousse d'ail
2 filets d'anchois égouttés
1 c. à c. de câpres rincées et égouttées
1 bouquet de persil plat
5 c. à s. de feuilles de basilic
1 poignée de roquette
60 ml d'huile d'olive
1 c. à s. de jus de citron

1. Pour pocher les œufs, faites chauffer de l'eau à mi-hauteur dans une casserole large. Ajoutez le vinaigre et portez à ébullition. Cassez 1 œuf dans une tasse. Formez un tourbillon dans l'eau avec une cuillère en bois. Glissez l'œuf dans le tourbillon. Recommencez avec les autres œufs. Faites bouillir l'eau à nouveau, couvrez la casserole, retirez du feu et laissez reposer 4 minutes, jusqu'à ce que le blanc soit cuit autour du jaune. Retirez les œufs un par un, à l'aide d'une écumoire, et égouttez-les sur du papier absorbant. Ébarbez les œufs si nécessaire.
2. Portez le bouillon et le lait à ébullition dans une casserole. Versez la polenta peu à peu. Faites cuire 20 minutes environ en remuant, jusqu'à ce que la polenta soit tendre. Incorporez le parmesan, le beurre et l'huile. Assaisonnez. Retirez du feu et couvrez.
3. Pendant ce temps, préparez la salsa verde.
4. Pour servir, ajoutez les œufs et la salsa verde sur la polenta.

SALSA VERDE
Pelez et écrasez l'ail. Hachez finement les anchois, les câpres, les herbes et la roquette. Mélangez avec l'ail, l'huile d'olive et le jus de citron dans un bol. Assaisonnez.

ASTUCE DU CHEF
Vous pouvez faire pocher les œufs la veille. Conservez-les dans un bol d'eau froide. Couvrez et placez au réfrigérateur 1 jour maximum. Pour réchauffer les œufs, faites bouillir une casserole d'eau, puis baissez le feu à frémissements. Ajoutez les œufs pochés et faites chauffer 30 secondes. Retirez-les avec une écumoire et égouttez-les sur du papier absorbant. Nous avons utilisé des œufs de poules élevées en plein air extrafrais, car ils ont plus de blanc et gardent mieux leur forme en cuisant.
La salsa verde peut être préparée la veille. Couvrez-la de film alimentaire et conservez-la au réfrigérateur, dans une boîte hermétique. Sortez-la à température ambiante 30 minutes avant de la servir.
La polenta peut être préparée 1 heure à l'avance. Faites-la réchauffer en ajoutant un peu de bouillon si nécessaire pour qu'elle retrouve une texture onctueuse.
L'huile parfumée à la truffe est vendue dans les épiceries fines. Elle est chère, mais très peu d'huile suffit pour parfumer le plat. Vous pouvez ne pas l'utiliser si vous le souhaitez.

728 KCAL PAR PORTION / LIPIDES **47,2 G** dont 19,4 G de graisses saturées
GLUCIDES **44,2 G** / PROTÉINES **31,8 G** / FIBRES **2,4 G**

4 PERS. | Préparation + cuisson **50 minutes**

Œufs Benedict

INGRÉDIENTS
4 œufs
4 muffins anglais
200 g de jambon cuit coupé en lamelles
4 c. à s. de ciboulette fraîche ciselée

SAUCE HOLLANDAISE
1 ½ c. à s. de vinaigre de vin blanc
1 c. à s. de jus de citron
½ c. à c. de grains de poivre noir
2 jaunes d'œufs
125 g de beurre doux fondu

1. Préparez la sauce hollandaise.
2. Remplissez à moitié d'eau une grande poêle à frire peu profonde, afin d'y pocher les œufs. Portez à ébullition. Cassez 1 œuf dans une tasse, puis faites-le glisser dans la poêle. Répétez l'opération avec 3 autres œufs. Portez de nouveau l'eau à ébullition. Couvrez la poêle, éteignez le feu. Laissez reposer environ 4 minutes, jusqu'à ce que le blanc prenne très légèrement.
3. Retirez 1 œuf avec une écumoire et égouttez-le sur du papier absorbant. Couvrez pour le garder au chaud. Répétez l'opération avec les œufs restants.
4. Coupez les muffins en deux et faites-les griller.
5. Servez-les garnis de jambon, d'œuf poché, de sauce et de ciboulette.

SAUCE HOLLANDAISE
Mélangez le vinaigre, le jus de citron et les grains de poivre dans une petite casserole. Portez à ébullition. Baissez le feu et laissez mijoter sans couvrir, jusqu'à ce que le liquide ait réduit de moitié. Passez-le à travers une fine passoire au-dessus d'un petit bol résistant à la chaleur. Laissez refroidir 10 minutes. Fouettez les jaunes d'œufs et incorporez-les au mélange vinaigré. Faites chauffer au bain-marie. Fouettez le mélange jusqu'à ce qu'il épaississe. Retirez le bol du feu. Incorporez progressivement le beurre fondu, en filet continu, tout en continuant à battre. Fouettez jusqu'à ce que la sauce soit épaisse et crémeuse.

586 KCAL PAR PORTION / LIPIDES **40,6 G** dont 21,2 G de graisses saturées
GLUCIDES **24,2 G** / PROTÉINES **30,8 G** / FIBRES **2 G**

6 PERS.

Préparation + cuisson **35 minutes**

Pancakes à la myrtille

INGRÉDIENTS

300 g de farine avec levure incorporée
50 g de sucre en poudre
2 œufs
600 ml de lait ribot
50 g de beurre fondu
150 g de myrtilles fraîches
12 fines tranches de bacon sans couenne (360 g)
125 ml de sirop d'érable

1. Tamisez la farine et le sucre au-dessus d'un saladier.
2. Fouettez les œufs, le lait ribot et le beurre. Incorporez progressivement ce mélange dans la farine et le sucre, en continuant de battre, jusqu'à ce que la pâte soit lisse. Ajoutez les myrtilles en remuant.
3. Versez un peu de pâte dans une grande poêle chaude huilée. Laissez cuire jusqu'à ce que des bulles apparaissent à la surface. Retournez le pancake et faites-le dorer sur l'autre face. Couvrez pour le garder au chaud.
4. Répétez l'opération de façon à obtenir 18 pancakes.
5. Pendant ce temps, faites chauffer une poêle huilée et faites-y revenir le bacon jusqu'à ce qu'il croustille.
6. Versez un filet de sirop d'érable sur les pancakes et servez-les avec du bacon.

561 KCAL PAR PORTION / LIPIDES **19,3 G** dont 9,4 G de graisses saturées
GLUCIDES **71,8 G** / PROTÉINES **23,3 G** / FIBRES **2 G**

2 PERS. | Préparation + cuisson **40 minutes**

Pizzas aux œufs, champignons et prosciutto

INGRÉDIENTS

375 g de farine T55, pour pain ou complète
2 c. à c. de sucre
2 c. à c. de gros sel
2 c. à c. de levure de boulanger déshydratée (7 g)
180 ml d'eau chaude
60 ml d'huile d'olive
180 g de coulis de tomate
250 g de mozzarella di bufala égouttée
100 g de champignons de Paris
6 œufs
6 tranches fines de prosciutto (120 g)
30 g de pousses d'épinard
20 g de copeaux de parmesan

1. Tamisez la farine, le sucre et le sel dans un saladier. Incorporez la levure. Ajoutez l'eau et l'huile d'olive. Mélangez pour former une pâte collante. Placez la pâte sur le plan de travail fariné et pétrissez-la jusqu'à ce qu'elle soit souple et ne colle plus aux doigts. Mettez-la dans un saladier huilé, couvrez de film alimentaire et laissez lever 1 heure dans un endroit chaud, jusqu'à ce qu'elle double de volume.
2. Pendant ce temps, coupez la mozzarella et les champignons en fines tranches.
3. Préchauffez le four à 240 °C. Huilez 2 plaques de cuisson ou 2 plaques à pizza.
4. Pressez la pâte pour faire sortir l'air et pétrissez-la sur le plan de travail fariné, jusqu'à ce qu'elle soit élastique. Coupez la pâte en deux. Étalez chaque moitié sur le plan de travail en ovale de 20 × 30 cm et mettez-les sur les plaques de cuisson. Étalez le coulis de tomate sur la pâte, puis ajoutez la mozzarella et les champignons. Faites cuire 5 minutes au four. Sortez les pizzas du four et cassez délicatement 3 œufs sur chacune. Disposez les tranches de prosciutto entre les œufs.
5. Faites cuire les pizzas 3 minutes de plus. Ajoutez les pousses d'épinard et les copeaux de parmesan sur le dessus. Servez aussitôt.

ASTUCE DU CHEF

Vous pouvez utiliser de la pâte à pizza prête à l'emploi si vous préférez. Si votre four dispose de la fonction « pizza » qui permet de cuire directement sur la sole du four, vous obtiendrez une pizza encore plus croustillante.

1864 KCAL PAR PORTION / LIPIDES **88,2 G** dont 33 G de graisses saturées
GLUCIDES **163 G** / PROTÉINES **100,5 G** / FIBRES **10 G**

4 PERS.

Préparation + cuisson **20 minutes**

Œufs brouillés à la crème

INGRÉDIENTS

8 œufs
125 ml de crème fraîche
2 c. à s. de ciboulette fraîche ciselée
30 g de beurre

1. Battez avec une fourchette les œufs, la crème et la ciboulette, dans un saladier.

2. Faites chauffer le beurre à feu moyen dans une grande poêle. Versez-y les œufs. Attendez quelques secondes afin qu'ils prennent puis, avec une grande spatule, décollez-les doucement du fond de la poêle. Laissez cuire jusqu'à ce que le mélange soit crémeux et ait légèrement pris. Servez immédiatement, avec du pain grillé, si vous le souhaitez.

329 KCAL PAR PORTION / LIPIDES **30,2 G** dont 16,2 G de graisses saturées
GLUCIDES **1,3 G** / PROTÉINES **14 G** / FIBRES **0 G**

4 PERS.

Préparation + cuisson **20 minutes**

Club sandwichs

INGRÉDIENTS

4 fines tranches de bacon sans couenne coupées en deux
1 avocat moyen (250 g) paré
2 c. à c. de jus de citron vert
150 g de mayonnaise
12 tranches de pain de mie (540 g)
12 grandes feuilles de laitue
3 petites tomates (270 g) coupées en fines rondelles
150 g de blanc de dinde coupé en lamelles

1. Faites chauffer une grande poêle et faites revenir le bacon jusqu'à ce qu'il soit croustillant.

2. Dans un petit bol, réduisez l'avocat en purée lisse. Incorporez le jus de citron vert.

3. Étalez de la mayonnaise sur les tranches de pain et garnissez 4 d'entre elles de la moitié de la purée d'avocat, des feuilles de laitue, des rondelles de tomate, des lamelles de dinde et du bacon. Recouvrez de 4 autres tranches de pain, côté badigeonné de mayonnaise vers le bas. Puis étalez de la mayonnaise sur le dessus et répétez l'opération avec les ingrédients restants. Recouvrez des dernières tranches de pain. Coupez les sandwichs en triangles. Maintenez les différentes couches superposées à l'aide de piques.

768 KCAL PAR PORTION / LIPIDES **36,1 G** dont 7,7 G de graisses saturées
GLUCIDES **69,9 G** / PROTÉINES **37,7 G** / FIBRES **6,3 G**

12 SCONES

Préparation + cuisson **55 minutes**

Scones courgette, feta et maïs

INGRÉDIENTS

1 petite courgette (90 g)
½ épi de maïs frais paré (125 g)
100 g de feta
50 g de parmesan finement râpé
450 g de farine avec levure incorporée
2 c. à c. de sucre
250 ml de lait environ

1. Préchauffez le four à 220 °C. Huilez et chemisez une plaque de cuisson de papier sulfurisé.
2. Hachez grossièrement la courgette non pelée. Détachez les grains de maïs de l'épi. Mélangez la courgette, le maïs, la feta émiettée et le parmesan dans un saladier.
3. Tamisez la farine et le sucre dans un saladier. Ajoutez la préparation précédente et mélangez. Creusez un puits au centre et versez le lait. Mélangez pour former une pâte. Mettez la pâte sur le plan de travail fariné et pétrissez-la jusqu'à ce qu'elle soit souple. Étalez la pâte du bout des doigts en un cercle de 22 cm de diamètre sur la plaque de cuisson. Trempez un couteau pointu dans la farine et coupez la pâte en 12 parts. Badigeonnez le dessus d'un peu de lait.
4. Faites cuire au four 30 minutes, jusqu'à ce que le gâteau sonne creux quand vous le tapotez. Laissez refroidir sur la plaque, puis détachez les parts.

296 KCAL PAR PORTION / LIPIDES **4,7 G** dont 4,5 G de graisses saturées
GLUCIDES **29,6 G** / PROTÉINES **7,8 G** / FIBRES **1,9 G**

8 PIÈCES

Préparation + cuisson **40 minutes**

Scones au lard et aux tomates

INGRÉDIENTS

3 œufs
3 tranches de lard sans couenne (195 g)
110 g de tomates semi-séchées à l'huile, égouttées
90 g de cheddar ou de gruyère grossièrement râpé
300 g de farine avec levure incorporée
1 c. à c. de sucre
180 ml de lait

1. Préchauffez le four à 200 °C. Huilez une plaque de cuisson et chemisez-la de papier sulfurisé.
2. Mettez les œufs dans une casserole et couvrez-les d'eau froide. Portez à ébullition en remuant pour centrer le jaune. Faites cuire 6 minutes sans couvrir. Égouttez et rincez les œufs à l'eau froide, puis écalez-les.
3. Pendant ce temps, faites cuire le lard dans une grande poêle chaude jusqu'à ce qu'il soit croustillant. Égouttez-le sur du papier absorbant. Hachez grossièrement les œufs, le lard et les tomates et mettez-les dans un saladier. Ajoutez la moitié du fromage et mélangez bien.
4. Tamisez la farine et le sucre dans un saladier. Ajoutez la préparation précédente et mélangez. Creusez un puits au centre et versez le lait. Mélangez pour former une pâte. Mettez la pâte sur le plan de travail fariné et pétrissez-la jusqu'à ce qu'elle soit souple. Étalez la pâte du bout des doigts en un cercle de 22 cm de diamètre sur la plaque de cuisson. Trempez un couteau pointu dans la farine et coupez la pâte en 8 parts. Parsemez du reste du fromage.
5. Faites cuire au four 30 minutes jusqu'à ce que le gâteau sonne creux quand vous le tapotez. Laissez refroidir sur la plaque.

ASTUCE DU CHEF

Enveloppez les scones dans du film alimentaire et congelez-les 3 mois au maximum. Décongelez-les toute la nuit au réfrigérateur ou passez-les au micro-ondes 1 minute à puissance maximale.

299 KCAL PAR PORTION / LIPIDES **10,2 G** dont 4,7 G de graisses saturées
GLUCIDES **33 G** / PROTÉINES **16,6 G** / FIBRES **3,4 G**

24 SCONES | Préparation + cuisson **55 minutes**

Scones au potiron et au panch phoron

INGRÉDIENTS

40 g de beurre
800 g de potiron
2 c. à s. de panch phoron
55 g de sucre
1 jaune d'œuf
375 g de farine avec levure incorporée
80 ml de lait environ
50 g de graines de courge

1. Sortez le beurre à température ambiante.
2. Préchauffez le four à 200 °C. Huilez un moule rectangulaire de 20 × 30 cm. Chemisez-le de papier sulfurisé en faisant dépasser celui-ci de 5 cm.
3. Pelez et coupez le potiron en dés. Mettez-le sur une plaque de cuisson. Assaisonnez. Faites-le cuire au four 15 minutes, jusqu'à ce qu'il soit tendre. Laissez-le refroidir, puis écrasez-le dans un saladier avec une fourchette.
4. Faites griller à sec les épices dans une petite poêle sur feu moyen, en remuant, jusqu'à ce que les graines commencent à sauter.
5. Fouettez le beurre, le sucre et le jaune d'œuf dans un saladier à l'aide d'un batteur électrique. Ajoutez cette préparation ainsi que les épices dans le saladier avec le potiron et mélangez. Incorporez la farine et suffisamment de lait pour obtenir une pâte souple.
6. Mettez la pâte sur le plan de travail fariné et pétrissez-la jusqu'à ce qu'elle soit souple. Étalez la pâte dans le moule. Trempez un couteau dans la farine et découpez la pâte en carrés de 5 cm de côté. Répartissez les graines de courge sur le dessus.
7. Faites cuire 25 minutes environ, jusqu'à ce que le gâteau sonne creux quand vous le tapotez. Laissez refroidir dans le moule.

ASTUCE DU CHEF

Enveloppez les scones dans du film alimentaire et congelez-les 3 mois au maximum. Décongelez-les toute la nuit au réfrigérateur ou passez-les au micro-ondes 1 minute à puissance maximale.
Pour préparer le panch phoron, mélangez 2 cuillerées à café de graines de cumin, 2 cuillerées à café de graines de nigelle, 2 cuillerées à café de graines de moutarde, 1 cuillerée à café de graines de fenouil et 1 cuillerée à café de graines de fenugrec.

102 KCAL PAR PORTION / LIPIDES **3 G** dont 1,3 G de graisses saturées
GLUCIDES **15,5 G** / PROTÉINES **2,9 G** / FIBRES **1,1 G**

10 PERS. | Préparation + cuisson **1 heure**

Cake aux noix, café et poire

INGRÉDIENTS

75 g de beurre
125 ml de lait
1 c. à s. de café soluble
110 g de sucre roux
35 g de noix grossièrement hachées
1 œuf
1 poire moyenne (230 g)
150 g de farine avec levure incorporée

1. Préchauffez le four à 160 °C. Beurrez un moule à cake de 9 × 19 cm. Chemisez-le de papier sulfurisé en laissant celui-ci dépasser de 5 cm de chaque côté.
2. Faites fondre le beurre, le lait et le café dans une casserole sur feu doux. Retirez du feu. Ajoutez le sucre et la moitié des noix. Mélangez, puis incorporez l'œuf.
3. Pelez, épépinez et coupez la poire en petits dés. Ajoutez la poire et la farine tamisée dans la préparation précédente.
4. Versez la pâte dans le moule et parsemez le reste des noix sur le dessus. Faites cuire 40 minutes environ. Laissez reposer le cake 10 minutes avant de le démouler et de le laisser refroidir sur une grille.

ASTUCE DU CHEF

Le temps de cuisson peut varier en fonction de la maturité de la poire. Conservez le cake au réfrigérateur, dans un récipient hermétique, 3 jours maximum.

199 KCAL PAR PORTION / LIPIDES **9,8 G** dont 4,7 G de graisses saturées
GLUCIDES **24,7 G** / PROTÉINES **3,2 G** / FIBRES **1,2 G**

4 PERS.

Préparation + cuisson **45 minutes**

Œufs cocotte

INGRÉDIENTS

1 gousse d'ail
800 g de tomates concassées en boîte
2 c. à s. de sucre
8 œufs
8 fromages bocconcini (480 g)
8 c. à s. de basilic grossièrement haché
2 c. à s. d'huile d'olive

1. Préchauffez le four à 200 °C.
2. Pelez et écrasez l'ail. Mélangez les tomates avec leur jus, l'ail et le sucre dans une casserole. Portez à ébullition. Baissez le feu et faites légèrement réduire 5 minutes environ. Assaisonnez.
3. Versez 250 ml de sauce tomate dans un plat à four rond de 20 cm de diamètre. Cassez 4 œufs sur la sauce. Ajoutez la moitié des bocconcinis coupés en morceaux et la moitié du basilic sur le dessus. Versez le reste de la sauce tomate, puis ajoutez le reste des œufs, des bocconcinis et du basilic.
4. Faites cuire au four 20 minutes environ, jusqu'à ce que le blanc des œufs soit cuit et que le dessus soit légèrement doré. Arrosez d'huile d'olive.

ASTUCE DU CHEF
Servez avec du pain de campagne pour faire des mouillettes.

549 KCAL PAR PORTION / LIPIDES **38,3 G** dont 16,5 G de graisses saturées
GLUCIDES **15,2 G** / PROTÉINES **35,7 G** / FIBRES **2,7 G**

4 PERS. | Préparation + cuisson **15 minutes**

Œufs pochés et champignons

INGRÉDIENTS
2 gros champignons plats (160 g)
2 c. à s. d'huile d'olive
1 c. à s. de vinaigre d'alcool blanc
4 œufs extrafrais
4 tranches épaisses de pain au levain (400 g)
1 gousse d'ail
40 g de roquette

1. Coupez les champignons en fines tranches. Faites chauffer l'huile d'olive dans une poêle. Faites cuire les champignons, en remuant, jusqu'à ce qu'ils soient dorés et tendres. Assaisonnez. Couvrez pour garder au chaud.
2. Pour pocher les œufs, faites chauffer de l'eau à mi-hauteur dans une casserole large. Ajoutez le vinaigre et portez à ébullition. Cassez 1 œuf dans une tasse. Formez un tourbillon dans l'eau avec une cuillère en bois. Glissez l'œuf dans le tourbillon. Recommencez avec les autres œufs. Faites bouillir l'eau à nouveau, couvrez la casserole, retirez du feu et laissez reposer 4 minutes, jusqu'à ce que le blanc soit cuit autour du jaune. Retirez les œufs un par un, à l'aide d'une écumoire, et égouttez-les sur du papier absorbant. Ébarbez les œufs si nécessaire.
3. Pendant ce temps, faites griller le pain. Pelez la gousse d'ail et coupez-la en deux. Frottez les tranches de pain de chaque côté avec l'ail. Pour servir, disposez les champignons, les œufs et la roquette sur le pain grillé. Assaisonnez.

ASTUCE DU CHEF
Pour réussir des œufs pochés, les œufs doivent être extrafrais (pondus il y a moins de 7 jours) afin que le blanc coagule bien en restant autour du jaune d'œuf. Des œufs moins frais auront tendance à se répandre dans la casserole.

836 KCAL PAR PORTION / LIPIDES **34,3 G** dont 6,6 G de graisses saturées
GLUCIDES **91,9 G** / PROTÉINES **34 G** / FIBRES **11,8 G**

2 PERS. | Préparation + cuisson **15 minutes**

Porridge de riz à la poire et aux amandes

INGRÉDIENTS

80 g de flocons de riz
250 ml d'eau
250 ml de boisson au riz
¼ de c. à c. de cannelle moulue
2 c. à s. d'amandes entières
1 petite poire (180 g)
1 c. à c. de graines de lin moulues
1 c. à c. de graines de tournesol moulues
1 c. à c. de poudre d'amandes
1 c. à c. de miel

1. Mélangez les flocons de riz, l'eau, la boisson au riz et la cannelle dans une petite casserole. Couvrez et portez à ébullition ; remuez de temps en temps. Baissez le feu et faites cuire 5 minutes à couvert, en remuant de temps en temps, jusqu'à ce que les flocons de riz soient tendres. Retirez du feu et laissez reposer 5 minutes.

2. Faites griller les amandes dans une petite poêle chaude puis hachez-les grossièrement.

3. Coupez la poire en fines tranches avec une mandoline.

4. Pour servir, disposez sur le porridge les amandes, les graines de lin et de tournesol, et la poudre d'amandes. Ajoutez les poires et le miel. Servez avec de la boisson au riz en plus, si vous le souhaitez.

366 KCAL PAR PORTION / LIPIDES **11, G** dont 0,8 G de graisses saturées
GLUCIDES **57,8 G** / PROTÉINES **7,2 G** / FIBRES **4,6 G**

4 PERS.

Préparation + cuisson **50 minutes**

Riz au lait et pruneaux pochés

INGRÉDIENTS

500 ml de jus de pomme
170 g de pruneaux dénoyautés
2 bâtons de cannelle
1,25 litre de lait
400 g de riz rond
2 c. à s. de sucre roux
1 c. à c. de noix de muscade moulue

1. Mélangez le jus de pomme, les pruneaux et la cannelle dans une petite casserole. Portez à ébullition, baissez le feu et faites mijoter 15 minutes, jusqu'à ce que les pruneaux soient tendres et gonflés. Retirez du feu et laissez reposer à couvert (retirez les bâtons de cannelle avant de servir).

2. Portez le lait à ébullition dans une grande casserole. Ajoutez le riz peu à peu et faites cuire 35 minutes environ, en remuant de temps en temps, jusqu'à ce que le riz soit tendre. Ajoutez le sucre et la noix de muscade.

3. Pour servir, disposez les pruneaux sur le riz au lait.

724 KCAL PAR PORTION / LIPIDES **12,9 G** dont 8,1 G de graisses saturées
GLUCIDES **132,4 G** / PROTÉINES **18,2 G** / FIBRES **4,1 G**

4 PERS.

Préparation + cuisson **40 minutes**

Œufs cocotte végétariens

INGRÉDIENTS

8 c. à s. de basilic
8 c. à s. de persil plat
80 ml d'huile d'olive
420 g de haricots blancs en boîte
100 g de champignons de Paris
125 g de tomates cerises
100 g de fromage haloumi
8 œufs

1. Mixez finement les herbes et l'huile d'olive. Assaisonnez.

2. Rincez et égouttez les haricots blancs. Coupez les champignons en quatre. Coupez les tomates en deux. Râpez grossièrement le fromage.

3. Répartissez dans 4 ramequins (250 ml) la moitié des champignons, des tomates, du fromage et des herbes. Cassez 1 œuf dans chaque ramequin. Ajoutez le reste des champignons, des tomates, du fromage et des herbes sur le dessus, puis cassez un autre œuf.

4. Mettez 2 ramequins à la fois dans un cuit-vapeur et faites cuire 10 minutes environ, à couvert, jusqu'à ce que les œufs soient cuits. Recommencez avec les 2 autres ramequins.

400 KCAL PAR PORTION / LIPIDES **32,3 G** dont 8,6 G de graisses saturées
GLUCIDES **3,6 G** / PROTÉINES **21,5 G** / FIBRES **2,8 G**

2 PERS.

Préparation + cuisson **25 minutes**

Asperges et tomates grillées, sauce au citron

INGRÉDIENTS
340 g d'asperges vertes
2 c. à c. d'huile d'olive
125 g de tomates cerises
1 citron moyen (140 g)
95 g de yaourt nature
1 c. à c. de moutarde de Dijon
110 g de cresson

1. Préchauffez le four à 200 °C.
2. Parez les asperges et mettez-les sur une plaque de cuisson. Arrosez-les d'huile d'olive, assaisonnez et remuez bien. Enfournez pour 10 minutes environ, jusqu'à ce qu'elles soient cuites mais encore croquantes.
3. Coupez les tomates en deux. Ajoutez les tomates sur la plaque avec les asperges, en plaçant le côté coupé vers le haut. Assaisonnez. Faites cuire 8 minutes environ au four, jusqu'à ce que les tomates soient tendres.
4. Râpez finement le zeste du citron pour en obtenir 1 cuillerée à café et pressez le citron pour obtenir 2 cuillerées à café de jus. Mélangez le zeste, le jus, le yaourt et la moutarde dans un bol.
5. Pour servir, disposez les asperges et les tomates dans un plat, ajoutez le cresson sur le dessus et nappez de sauce au citron.

136 KCAL PAR PORTION / LIPIDES **6,1 G** dont 1,3 G de graisses saturées
GLUCIDES **7,5 G** / PROTÉINES **9,2 G** / FIBRES **5,8 G**

4
PERS.

Préparation
+ cuisson
15 minutes

Muesli crémeux

INGRÉDIENTS

40 g d'amandes entières
35 g de noix de macadamia
50 g d'abricots secs grossièrement hachés
50 g de dattes dénoyautées grossièrement hachées
180 g de flocons d'avoine
1 litre de lait
50 g de graines de courge

1. Hachez grossièrement les amandes et les noix de macadamia. Mélangez les amandes, les noix de macadamia, les abricots, les dattes, les flocons d'avoine, le lait et les graines de courge dans un saladier.
2. Couvrez et placez 8 heures ou toute la nuit au réfrigérateur.

ASTUCE DU CHEF

Servez le muesli avec des fruits rouges frais, 1 pincée de cannelle, du miel ou de la confiture.

373 KCAL PAR PORTION / LIPIDES **21,1 G** dont 6,2 G de graisses saturées
GLUCIDES **30,9 G** / PROTÉINES **13,1 G** / FIBRES **5,4 G**

4 PERS. | Préparation + cuisson **15 minutes**

Saumon fumé, asperges et ricotta aux herbes

INGRÉDIENTS

1 citron moyen (140 g)
200 g de ricotta
4 c. à s. de ciboulette finement hachée
350 g d'asperges vertes
2 c. à s. d'huile d'olive
250 g de saumon fumé coupé en fines tranches

1. Râpez finement le zeste du citron pour en obtenir 1 cuillerée à café et pressez le citron pour obtenir 2 cuillerées à soupe de jus. Mélangez la ricotta, la ciboulette, le zeste et le jus de citron dans un bol. Assaisonnez.

2. Retirez l'extrémité dure des asperges. Faites chauffer l'huile d'olive dans une poêle et faites cuire les asperges.

3. Servez les asperges avec le saumon fumé et la ricotta aux herbes.

ASTUCE DU CHEF

Servez avec de la ciabatta grillée ou de fines tranches de baguette grillées.

259 KCAL PAR PORTION / LIPIDES **17,7 G** dont 5,4 G de graisses saturées
GLUCIDES **2,2 G** / PROTÉINES **21,9 G** / FIBRES **1,4 G**

10 PERS.

Préparation + cuisson **30 minutes**

Muesli pommes-canneberges

INGRÉDIENTS

110 g de flocons de riz
1 c. à s. de sirop d'érable
1 c. à s. de jus d'orange
½ c. à c. de mélange d'épices pour pain d'épices
75 g de graines de tournesol
100 g de graines de courge
65 g de canneberges séchées
30 g de pommes séchées finement hachées

1. Préchauffez le four à 200 °C.
2. Étalez les flocons de riz sur une plaque de cuisson. Versez le sirop d'érable, le jus d'orange et les épices préalablement mélangés sur les flocons de riz. Faites dorer 10 minutes au four, en remuant à mi-cuisson. Laissez refroidir 10 minutes.
3. Ajoutez les graines de tournesol et de courge, les canneberges et les pommes au muesli. Laissez refroidir.

ASTUCE DU CHEF

Conservez le muesli au réfrigérateur, dans une boîte hermétique, pendant 2 mois maximum. Servez une portion (5 cuillerées à soupe) de muesli avec du lait écrémé ou une boisson végétale et des fruits rouges frais. Ce muesli fera également un excellent en-cas.

172 KCAL PAR PORTION / LIPIDES **8,6 G** dont 1 G de graisses saturées
GLUCIDES **18,2 G G** / PROTÉINES **4,9 G** / FIBRES **2,6 G**

4 PERS. | Préparation + cuisson **25 minutes**

DÉJEUNER LÉGER

Truite pochée et pommes de terre

INGRÉDIENTS
500 ml de fumet de poisson
250 ml de vin blanc sec
4 brins d'aneth frais
1 c. à c. de grains de poivre noir
1 filet de truite de 400 g avec la peau
600 g de petites pommes de terre nouvelles
280 g de yaourt à la grecque
1 c. à s. d'aneth frais finement haché
1 c. à s. de moutarde à l'ancienne
1 c. à s. d'huile d'olive

1. Mélangez le fumet, le vin, les brins d'aneth et le poivre dans une casserole. Portez à ébullition, baissez le feu et ajoutez le filet de truite. Laissez cuire 5 minutes à feu doux, jusqu'à ce que la truite soit juste cuite. Retirez le filet de truite du court-bouillon et placez-le au réfrigérateur jusqu'au moment de servir.
2. Faites cuire les pommes de terre à l'eau, à la vapeur ou au micro-ondes, jusqu'à ce qu'elles soient tendres. Égouttez-les, faites-les refroidir et coupez-les en deux.
3. Pendant ce temps, battez le yaourt, l'aneth haché et la moutarde dans un bol. Assaisonnez.
4. Mettez le filet de truite sur le plat de service et arrosez-le d'un filet d'huile d'olive. Servez avec les pommes de terre et le yaourt à l'aneth.

ASTUCE DU CHEF
Servez ce plat avec des câpres, des cornichons, des pousses d'épinard et des œufs de caille durs.

398 KCAL PAR PORTION / LIPIDES **15,8 G** dont 6,2 G de graisses saturées
GLUCIDES **23,2 G** / PROTÉINES **28,1 G** / FIBRES **2,6 G**

4 PERS. | Préparation **20 minutes**

Salade Waldorf

INGRÉDIENTS
225 g de mayonnaise
60 ml de jus de citron
5 bâtons de céleri (750 g) parés et coupés en tranches
2 pommes rouges (300 g) coupées en fines tranches
1 petit oignon rouge (100 g) coupé en fines tranches
100 g de noix grillées
1 grosse botte de persil plat effeuillée

1. Mélangez la mayonnaise et le jus de citron dans un grand saladier.
2. Incorporez le reste des ingrédients. Mélangez délicatement.

443 KCAL PAR PORTION / LIPIDES **35,7 G** dont 3,1 G de graisses saturées
GLUCIDES **22,4 G** / PROTÉINES **5,8 G** / FIBRES **6,3 G**

4 PERS. | Préparation + cuisson **20 minutes**

Toasts à l'avocat et aux haricots blancs

INGRÉDIENTS

840 g de haricots blancs à la tomate en boîte
1 gros avocat (300 g)
½ petit oignon rouge (50 g)
250 g de tomates cerises
1 c. à s. de jus de citron vert
1 c. à s. de persil plat finement haché
5 c. à s. de coriandre fraîche finement hachée
4 tranches épaisses de pain au levain (400 g)

1. Mettez les haricots dans une casserole moyenne et faites chauffer à feu doux, en remuant de temps en temps.
2. Pelez l'avocat, retirez le noyau et coupez la chair en morceaux. Pelez et hachez finement l'oignon. Coupez les tomates cerises en deux. Mélangez l'avocat, l'oignon, les tomates, le jus de citron vert et les herbes dans un saladier. Assaisonnez.
3. Faites griller le pain et servez-le recouvert de haricots et de salade d'avocat.

537 KCAL PAR PORTION / LIPIDES **15,6 G** dont 3,2 G de graisses saturées
GLUCIDES **70,7 G** / PROTÉINES **19,8 G** / FIBRES **16,7 G**

4 PERS.

Préparation + cuisson **35 minutes**

Muffins au lard et aux œufs à l'aïoli d'herbes

INGRÉDIENTS

1 gousse d'ail
225 g de mayonnaise
2 c. à s. de ciboulette finement hachée
8 c. à s. de basilic frais finement haché
4 c. à s. de persil plat finement haché
2 c. à s. d'huile végétale
500 g de tranches de lard sans couenne
8 œufs
4 muffins anglais (660 g)
50 g de pousses d'épinard

1. Pour préparer l'aïoli d'herbes, pelez et écrasez la gousse d'ail. Mélangez la mayonnaise, l'ail et les herbes dans un bol. Assaisonnez.
2. Faites chauffer la moitié de l'huile dans une grande poêle. Faites cuire le lard jusqu'à ce qu'il soit croustillant. Égouttez-le sur du papier absorbant. Essuyez la poêle.
3. Faites chauffer le reste de l'huile dans la même poêle. Faites cuire les œufs au plat.
4. Pendant ce temps, préchauffez le gril du four. Ouvrez les muffins anglais en deux, placez-les sur une plaque de cuisson et faites-les griller sous le gril.
5. Étalez l'aïoli sur la partie inférieure des muffins, ajoutez les pousses d'épinard, le lard et les œufs, puis recouvrez de la partie supérieure des muffins.

1 058 KCAL PAR PORTION / LIPIDES **54,2 G** dont 11,6 G de graisses saturées
GLUCIDES **85,6 G** / PROTÉINES **54,5 G** / FIBRES **5,5 G**

4 PERS.

Préparation + cuisson **15 minutes**

Sandwichs à la dinde, au lard et à l'avocat

INGRÉDIENTS

4 tranches de lard sans couenne (260 g)
12 grandes tranches de pain de mie (480 g)
1 avocat (250 g)
75 g de feuilles de laitue iceberg
100 g de mayonnaise
2 c. à s. de moutarde de Dijon
150 g de fines tranches de dinde rôtie

1. Faites cuire le lard dans une grande poêle jusqu'à ce qu'il soit croustillant. Égouttez-le sur du papier absorbant. Coupez le lard en morceaux.
2. Faites griller le pain.
3. Pendant ce temps, pelez, dénoyautez et coupez l'avocat en fines tranches. Coupez la salade en fines lanières.
4. Étalez la mayonnaise sur 8 tranches de pain et la moutarde sur les 4 autres tranches. Répartissez sur 4 tranches de pain recouvertes de mayonnaise le lard et l'avocat, puis ajoutez les tranches de pain recouvertes de moutarde, puis la dinde et la salade. Terminez par les tranches de pain recouvertes de mayonnaise.

690 KCAL PAR PORTION / LIPIDES **27,7 G** dont 5,9 G de graisses saturées
GLUCIDES **70,6 G** / PROTÉINES **36,7 G** / FIBRES **4,8 G**

4 PERS.

Préparation + cuisson **30 minutes**

Sandwichs au pesto et aux œufs pochés

INGRÉDIENTS

2 gousses d'ail
1 gros bouquet de basilic
2 c. à s. de pignons de pin
20 g de parmesan grossièrement râpé
180 ml d'huile d'olive
1 c. à s. de vinaigre d'alcool blanc
4 œufs extrafrais
4 petits pains ronds (200 g)
2 tomates mûres (300 g)
80 g de roquette

1. Pour préparer le pesto, pelez et coupez les gousses d'ail en quatre. Mixez finement les feuilles de basilic, l'ail, les pignons de pin, le parmesan et l'huile d'olive. Assaisonnez.
2. Pour pocher les œufs, faites chauffer de l'eau à mi-hauteur dans une casserole large. Ajoutez le vinaigre et portez à ébullition. Cassez 1 œuf dans une tasse. Formez un tourbillon dans l'eau avec une cuillère en bois. Glissez l'œuf dans le tourbillon. Recommencez avec les autres œufs. Faites bouillir l'eau à nouveau, couvrez la casserole, retirez du feu et laissez reposer 4 minutes, jusqu'à ce que le blanc soit cuit autour du jaune. Retirez les œufs un par un, à l'aide d'une écumoire, et égouttez-les sur du papier absorbant. Ébarbez les œufs si nécessaire.
3. Préchauffez le gril du four.
4. Ouvrez les petits pains en deux. Retirez la mie de la base des pains. Placez les moitiés de pain sur une plaque de cuisson et faites-les griller au four jusqu'à ce qu'elles soient légèrement dorées.
5. Coupez les tomates en fines tranches. Étalez la moitié du pesto sur la base des pains, ajoutez la roquette, les tomates, les œufs et le reste du pesto. Recouvrez avec l'autre moitié des pains.

ASTUCE DU CHEF

Pour réussir des œufs pochés, les œufs doivent être extrafrais (pondus il y a moins de 7 jours) afin que le blanc coagule bien en restant autour du jaune d'œuf. Des œufs moins frais auront tendance à se répandre dans la casserole.

678 KCAL PAR PORTION / LIPIDES **55,1 G** dont 9 G de graisses saturées
GLUCIDES **29,2 G** / PROTÉINES **15,6 G** / FIBRES **4,2 G**

1 PERS. | Préparation + cuisson **15 minutes**

Wrap au jambon et à l'œuf

INGRÉDIENTS
1 œuf
2 c. à s. de pesto
1 tortilla de blé (70 g)
3 tranches de jambon cru (45 g)

1. Mettez l'œuf dans une petite casserole. Couvrez-le d'eau. Portez à ébullition en remuant pour centrer le jaune. Faites cuire 3 minutes sans couvrir. Égouttez et rincez l'œuf à l'eau froide, puis écalez-le.
2. Étalez le pesto sur le wrap. Coupez le jambon et l'œuf en morceaux. Mettez-les sur un des côtés du wrap. Roulez le wrap autour de la garniture.
3. Faites dorer le wrap dans un appareil à croque-monsieur ou dans une poêle.

ASTUCE DU CHEF
Vous pouvez préparer le wrap la veille au soir et le terminer à partir de l'étape 2 le lendemain matin.

508 KCAL PAR PORTION / LIPIDES **28,4 G** dont 6,8 G de graisses saturées
GLUCIDES **37,5 G** / PROTÉINES **24,7 G** / FIBRES **3,1 G**

6 PERS.

Préparation + cuisson **30 minutes**

Bagels au pastrami, poivron et confit d'oignons

INGRÉDIENTS

2 gros oignons jaunes (400 g)
2 c. à s. d'huile d'olive
4 brins de thym
1 c. à s. de sucre roux
6 cornichons à la russe (220 g)
6 bagels au pavot (570 g)
300 g de pastrami coupé en fines tranches

TARTINADE DE POIVRON GRILLÉ

1 poivron rouge (200 g)
60 g de cream cheese
2 c. à c. d'huile d'olive
½ gousse d'ail pelée
¼ de c. à c. de paprika fumé

1. Pelez les oignons et coupez-les en fines tranches. Faites chauffer l'huile d'olive dans une grande poêle et faites fondre les oignons avec le thym 5 minutes, en remuant. Baissez le feu et faites cuire 25 minutes en remuant, jusqu'à ce que les oignons soient caramélisés. Incorporez le sucre et laissez refroidir. Retirez le thym. Assaisonnez.
2. Pendant ce temps, préparez la tartinade de poivron grillé.
3. Coupez les cornichons en fines tranches dans la longueur. Coupez les bagels en deux. Étalez la tartinade de poivron sur la mie des bagels et ajoutez le pastrami, les cornichons et les oignons confits.

TARTINADE DE POIVRON GRILLÉ

Préchauffez le gril du four. Coupez le poivron en quatre. Retirez les graines et les membranes. Mettez les quartiers de poivron, peau vers le haut, sur une plaque de cuisson et faites-les griller 10 minutes, jusqu'à ce que la peau commence à noircir et à cloquer. Couvrez-les de film alimentaire et laissez reposer 10 minutes avant de les peler. Mixez finement la chair du poivron avec le reste des ingrédients. Assaisonnez.

ASTUCE DU CHEF

Utilisez une mandoline pour couper les oignons en fines tranches.
Vous pouvez préparer le confit d'oignons et la tartinade de poivron grillé la veille.
Conservez-les au réfrigérateur et sortez-les à température ambiante avant de servir.

495 KCAL PAR PORTION / LIPIDES **15,5 G** dont 4,3 G de graisses saturées
GLUCIDES **65 G** / PROTÉINES **21,5 G** / FIBRES **4,5 G**

4 PERS.

Préparation + cuisson **15 minutes**

BLT (bacon-laitue-tomate)

INGRÉDIENTS

8 tranches de bacon sans couenne (520 g)
100 g de mayonnaise
8 tranches épaisses de pain au levain (560 g)
8 grandes feuilles de laitue
2 petites tomates (180 g) coupées en fines rondelles

1. Faites chauffer une grande poêle et faites revenir le bacon jusqu'à ce qu'il soit croustillant.
2. Tartinez de mayonnaise les tranches de pain et garnissez-en 4 de laitue, de tomate et de bacon. Recouvrez avec les tranches de pain restantes.

702 KCAL PAR PORTION / LIPIDES **29,1 G** dont 7,8 G de graisses saturées
GLUCIDES **69,2 G** / PROTÉINES **37,8 G** / FIBRES **5,2 G**

4 PERS.

Préparation + cuisson **30 minutes**

Hot dog très gourmand

INGRÉDIENTS

2 oignons rouges moyens (340 g)
2 c. à s. d'huile d'olive
2 c. à s. de vinaigre balsamique
2 c. à s. de sucre
4 saucisses de cochon (80 g)
4 œufs
4 pains à hot dog (200 g)
110 g de chutney de tomates

1. Pelez et coupez les oignons en fines tranches. Faites chauffer la moitié de l'huile d'olive dans une poêle. Faites fondre les oignons en remuant. Ajoutez le vinaigre et le sucre. Faites caraméliser 2 minutes environ en remuant. Retirez du feu.
2. Faites chauffer le reste de l'huile dans une poêle et faites cuire les saucisses jusqu'à ce qu'elles soient bien dorées. Retirez-les de la poêle et couvrez-les pour qu'elles restent chaudes.
3. Faites cuire les œufs au plat dans la même poêle.
4. Préchauffez le gril du four.
5. Ouvrez les pains en deux sans les couper complètement. Mettez-les sur une plaque de cuisson et faites-les griller au four.
6. Glissez les saucisses, les œufs et les oignons dans les pains et nappez de chutney.

601 KCAL PAR PORTION / LIPIDES **33,8 G** dont 10,3 G de graisses saturées
GLUCIDES **50,6 G** / PROTÉINES **22,3 G** / FIBRES **4,9 G**

4 PERS. | Préparation + cuisson 2 h 45

Tortilla, maïs, jarret et salsa de piments jalapeño à la coriandre

INGRÉDIENTS

1 oignon jaune moyen (150 g)
2 gousses d'ail
1 jarret de cochon (1,5 kg)
4 épis de maïs frais (1,6 kg)
30 g de beurre à température ambiante
60 ml de crème liquide
400 g de tomates cerises ou de tomates cocktail en branches
1 c. à s. d'huile d'olive
4 tortillas de blé (160 g)
1 avocat moyen (250 g)

SALSA DE PIMENTS JALAPEÑO À LA CORIANDRE

8 c. à s. de coriandre fraîche
1 gousse d'ail
250 g de piments jalapeño en bocal, égouttés
¼ de petit oignon rouge (20g)
1 c. à s. de jus de citron vert

1. Pelez et coupez l'oignon en quatre. Pelez et écrasez l'ail. Mélangez le jarret, l'oignon et l'ail dans une grande casserole. Couvrez d'eau froide. Portez à ébullition, baissez le feu et faites mijoter 2 heures à couvert, jusqu'à ce que la viande se détache de l'os. Réservez 80 ml de bouillon. Retirez le jarret du bouillon et laissez-le refroidir légèrement. Retirez la couenne, le gras et l'os. Coupez la viande en morceaux et mettez-la dans un saladier résistant à la chaleur. Recouvrez-la avec le bouillon réservé et couvrez pour garder au chaud.
2. Faites cuire les épis de maïs parés dans une grande casserole d'eau bouillante 20 minutes à couvert. Égouttez-les et laissez-les tiédir. Détachez les grains. Mixez les grains avec le beurre et la crème en purée grossière. Assaisonnez. Réchauffez le maïs dans la même casserole, à feu doux, en remuant, ou au micro-ondes, 1 minute à puissance maximale. Couvrez pour garder au chaud.
3. Préparez la salsa de piments jalapeño à la coriandre.
4. Préchauffez le gril du four. Mettez les tomates sur une plaque de cuisson et arrosez-les avec la moitié de l'huile d'olive. Assaisonnez. Faites griller 2 minutes.
5. Badigeonnez les tortillas avec le reste de l'huile. Mettez-les sur une plaque de cuisson et faites-les dorer de chaque côté. Mettez les tortillas sur des assiettes.
6. Pelez et dénoyautez l'avocat. Coupez-le en quatre. Étalez la purée de maïs sur les tortillas puis ajoutez le jarret, les tomates et l'avocat. Ajoutez la salsa sur le dessus.

SALSA DE PIMENTS JALAPEÑO À LA CORIANDRE
Hachez grossièrement la coriandre. Pelez et écrasez l'ail. Épépinez et hachez finement les piments. Pelez et hachez finement l'oignon. Mélangez la coriandre, l'ail, les piments, l'oignon et le jus de citron vert dans un bol. Assaisonnez.

ASTUCE DU CHEF
Le jarret de cochon peut être cuit 1 ou 2 jours à l'avance. Vous pouvez le faire cuire selon le mode de cuisson ci-dessus ou dans une mijoteuse ou une Cocotte-Minute. Après cuisson, vous pouvez le découenner, le désosser et le conserver recouvert de bouillon au réfrigérateur. Il suffit ensuite de le réchauffer dans une casserole sur feu doux.

808 KCAL PAR PORTION / LIPIDES **37,5 G** dont 13,2 G de graisses saturées
GLUCIDES **37,5 G** / PROTÉINES **71,4 G** / FIBRES **35,2 G**

8 PERS.

Préparation + cuisson **50 minutes**

DÎNER

Friands au poulet, citron confit et épinards

INGRÉDIENTS
150 g de feuilles d'épinard
400 g de poulet haché
1 ½ c. à s. de zeste de citron confit finement haché
2 œufs
35 g de chapelure
30 g de cantal grossièrement râpé
2 c. à s. de persil plat finement haché
2 pâtes feuilletées
3 c. à c. de graines de sésame

1. Mettez les épinards dans un grand plat à micro-ondes. Faites-les cuire à puissance maximale 2 minutes environ, jusqu'à ce qu'ils soient fondus. Laissez-les tiédir, puis pressez-les pour retirer l'eau. Hachez-les grossièrement.
2. Mélangez les épinards, le poulet, le zeste de citron confit, 1 œuf, la chapelure, le cantal et le persil dans un saladier. Poivrez et mélangez bien.
3. Préchauffez le four à 220 °C. Chemisez 2 plaques de cuisson de papier sulfurisé.
4. Coupez chaque pâte feuilletée en 4 carrés. Mettez 5 cuillerées à soupe de garniture sur le bord de chaque carré. Roulez la pâte autour de la garniture. Mettez les rouleaux sur les plaques de cuisson en plaçant la pliure en dessous.
5. Battez légèrement l'œuf restant dans un bol avec une fourchette, badigeonnez les rouleaux et parsemez de graines de sésame. Faites cuire 20 minutes au four. Servez les friands chauds, accompagnés de sauce tomate pour les tremper.

ASTUCE DU CHEF
Vous pouvez décorer les friands en striant le dessus avec le dos d'un couteau pour réaliser un motif en forme de croisillons.

291 KCAL PAR PORTION / LIPIDES **16,9 G** dont 3,2 G de graisses saturées
GLUCIDES **18,2 G** / PROTÉINES **15,9 G** / FIBRES **1,5 G**

6 PERS. | Préparation + cuisson **3 h 30**

Haricots au jarret de cochon

INGRÉDIENTS

300 g de haricots blancs secs
1 jarret de cochon (1,5 kg)
1 gros oignon jaune (200 g)
3 gousses d'ail
1 c. à s. d'huile d'olive
70 g de concentré de tomates
1 c. à s. de sauce Worcestershire
2 c. à c. de moutarde de Dijon
2 c. à s. de sirop d'érable

1. Faites tremper les haricots toute la nuit dans un saladier d'eau froide. Rincez-les et égouttez-les.
2. Mettez les haricots et le jarret dans une grande casserole et couvrez-les d'eau froide. Portez à ébullition, baissez le feu et laissez mijoter 1 heure, sans couvrir. Retirez le jarret et réservez 500 ml de bouillon. Égouttez les haricots. Retirez la couenne, le gras et l'os du jarret. Coupez la viande en morceaux.
3. Préchauffez le four à 150 °C.
4. Pelez et hachez grossièrement l'oignon. Pelez et hachez finement l'ail. Faites chauffer l'huile d'olive dans un grand plat à four résistant au feu. Faites fondre l'oignon et l'ail en remuant. Ajoutez le concentré de tomates, le bouillon réservé, la sauce Worcestershire, la moutarde, les haricots blancs et le jarret. (Ne salez pas car cela durcirait les haricots.)
5. Couvrez hermétiquement et faites cuire 2 heures au four, jusqu'à ce que les haricots soient tendres. Remuez 2 fois en cours de cuisson. Ajoutez un peu d'eau si nécessaire. Incorporez le sirop d'érable. Assaisonnez.

ASTUCE DU CHEF
Cette recette peut être préparée la veille et réchauffée à feu doux dans une casserole.

285 KCAL PAR PORTION / LIPIDES **7,7 G** dont 1,9 G de graisses saturées
GLUCIDES **28,1 G** / PROTÉINES **22,8 G** / FIBRES **10,4 G**

6 PERS.

Préparation + cuisson **1 heure**

Flans aux épinards, feta, tomates et lard

INGRÉDIENTS

1 oignon jaune moyen (150 g)
1 c. à s. d'huile d'olive
1 kg d'épinards
8 œufs
500 g de ricotta
200 g de feta
10 tranches fines de lard sans couenne (350 g)
spray de cuisson
275 g de tomates cocktail en branches

1. Préchauffez le four à 180 °C. Huilez 6 ramequins individuels (250 ml) et placez-les sur une plaque de cuisson.
2. Pelez et hachez finement l'oignon. Faites chauffer l'huile d'olive dans une grande poêle. Faites fondre l'oignon en remuant. Retirez-le de la poêle.
3. Parez les épinards. Faites-les fondre dans la même poêle en 2 fois, tout en remuant. Laissez-les refroidir et pressez-les pour retirer l'eau. Hachez-les grossièrement.
4. Battez les œufs dans un saladier. Incorporez l'oignon, les épinards, la ricotta et la feta émiettées. Assaisonnez. Versez la préparation dans les ramequins. Faites cuire 30 minutes au four. Laissez reposer 15 minutes.
5. Augmentez la température du four à 220 °C.
6. Étalez les tranches de lard sur une plaque de cuisson et vaporisez-les légèrement avec le spray de cuisson. Faites cuire 5 minutes. Mettez les tomates sur une autre plaque et vaporisez-les avec le spray de cuisson. Faites-les cuire avec le lard 3 minutes de plus jusqu'à ce que les tomates commencent à être tendres et le lard doré.
7. Servez les flans avec le lard et les tomates.

484 KCAL PAR PORTION / LIPIDES **32,9 G** dont 15,6 G de graisses saturées
GLUCIDES **4,9 G** / PROTÉINES **40 G** / FIBRES **5,6 G**

4 PERS. | Préparation + cuisson **55 minutes**

Cheese-burgers aux oignons caramélisés

INGRÉDIENTS
500 g de bœuf haché
4 fines tranches de cheddar (40 g)
4 pains à hamburgers coupés en deux
1 petite tomate (90 g) coupée en fines rondelles
8 grandes feuilles de laitue
4 gros cornichons à l'aneth (240 g) coupés en fines rondelles
1 c. à s. de moutarde à l'américaine
100 g de sauce tomate

OIGNONS CARAMÉLISÉS
2 c. à s. d'huile d'olive
2 oignons blancs moyens (300 g) émincés
1 c. à s. de sucre brun
2 c. à s. de vinaigre balsamique
2 c. à s. d'eau

1. Préparez les oignons caramélisés.
2. Façonnez 4 steaks avec le bœuf haché. Faites-les cuire à point sur une plancha huilée (ou sous le gril du four, ou dans une poêle-gril). Posez 1 tranche de cheddar sur chaque steak pendant la dernière minute de cuisson.
3. Faites griller les pains, face coupée vers le bas, sur une plancha.
4. Disposez les steaks, les oignons, la tomate, les feuilles de laitue et les cornichons entre les morceaux de pain. Servez avec la moutarde et la sauce tomate.

OIGNONS CARAMÉLISÉS
Faites chauffer l'huile d'olive dans une grande poêle et faites-y revenir les oignons, en remuant, jusqu'à ce qu'ils soient tendres. Ajoutez le sucre, le vinaigre et l'eau, et poursuivez la cuisson, en remuant, pour que les oignons se caramélisent.

569 KCAL PAR PORTION / LIPIDES **23,6 G** dont 7,4 G de graisses saturées
GLUCIDES **51,6 G** / PROTÉINES **34,9 G** / FIBRES **5 G**

4 PERS.

Préparation
+ cuisson
1 heure

Pain de viande

INGRÉDIENTS

750 g de bœuf haché
70 g de chapelure
1 oignon moyen (150 g) finement haché
1 œuf
2 c. à s. de sauce tomate
1 c. à s. de sauce Worcestershire
185 ml de lait concentré non sucré en conserve
2 c. à c. de moutarde en poudre
1 c. à s. de sucre brun
½ c. à c. de moutarde en poudre supplémentaire
60 ml de sauce tomate supplémentaire

1. Préchauffez le four à 180 °C. Graissez un moule à cake de 14 × 21 cm.
2. Mélangez le bœuf, la chapelure, l'oignon, l'œuf, la sauce tomate, la sauce Worcestershire, le lait concentré et la moutarde dans un saladier. Versez le mélange dans le moule, en appuyant bien. Retournez le moule sur une plaque recouverte d'aluminium et enfournez pour 15 minutes.
3. Pendant ce temps, mélangez le sucre, la moutarde et la sauce tomate supplémentaires dans un bol.
4. Sortez le pain du four, retirez le moule. Badigeonnez le pain avec la sauce et poursuivez la cuisson 45 minutes. Servez le pain de viande avec de la roquette et une salade de tomates.

475 KCAL PAR PORTION / LIPIDES **19,9 G** dont 10 G de graisses saturées
GLUCIDES **29,1 G** / PROTÉINES **45,8 G** / FIBRES **1,8 G**

8 PERS. | Préparation + cuisson **4 h 30**

Dinde rôtie, pain de maïs et crumble à la patate douce

INGRÉDIENTS
1 dinde de 4 kg
250 ml d'eau
45 g de beurre fondu
50 g de farine ordinaire
250 ml de vin blanc sec
1 litre de bouillon de poulet

PAIN DE MAÏS
75 g de farine avec levure incorporée
85 g de farine de maïs
30 g de cheddar râpé
125 g de maïs en conserve, rincé et égoutté
80 ml de lait ribot
1 œuf légèrement battu
30 g de beurre fondu

FARCE
45 g de beurre
1 gros oignon (200 g) finement haché
4 fines tranches de prosciutto (60 g) hachées
500 g de poulet haché
70 g de chapelure sèche
60 g de noix de pécan grillées concassées
½ botte de persil plat frais finement hachée
2 c. à s. de sauge fraîche finement hachée

CRUMBLE À LA PATATE DOUCE
2 grosses patates douces (1 kg) coupées en morceaux
75 g de beurre
2 œufs battus
50 g de farine ordinaire
75 g de sucre brun
½ c. à c. de cannelle moulue
¼ de c. à c. de gingembre moulu
90 g de noix de pécan grillées concassées

1. Préchauffez le four à 200 °C. Préparez le pain de maïs. Baissez le four à 180 °C.
2. Préparez la farce. Mettez-en un peu dans le cou de la dinde et refermez avec des piques en bois. Remplissez la dinde de farce par l'orifice et rabattez la peau. Attachez les pattes.
3. Posez la dinde sur une grille huilée, dans un plat peu profond. Versez l'eau dans le plat. Badigeonnez la dinde de beurre fondu. Couvrez-la et faites-la cuire 2 heures. Découvrez-la et faites-la rôtir 1 heure, en l'arrosant avec le jus de cuisson.
4. Pendant ce temps, préparez le crumble.
5. Sortez la dinde du plat. Laissez-la reposer 20 minutes à couvert.
6. Faites chauffer 80 ml de jus de cuisson dans le plat. Ajoutez la farine et faites cuire en remuant jusqu'à coloration. Incorporez le vin et le bouillon. Mélangez jusqu'à épaississement. Filtrez.
7. Servez la dinde avec la sauce, le pain de maïs et le crumble.

PAIN DE MAÏS
Graissez un moule à cake de 8 × 26 cm et tapissez-le de papier sulfurisé. Tamisez la farine au-dessus d'un saladier, ajoutez la farine de maïs et le cheddar. Mélangez les ingrédients restants et incorporez à la préparation. Versez la pâte dans le moule et enfournez pour 30 minutes. Laissez reposer 10 minutes, puis démoulez sur une grille.

FARCE
Faites fondre le beurre dans une poêle, faites-y revenir l'oignon et le prosciutto. Mélangez avec les autres ingrédients dans un saladier.

CRUMBLE À LA PATATE DOUCE
Faites cuire les patates douces, puis égouttez-les et écrasez-les avec la moitié du beurre. Incorporez les œufs. Étalez la purée dans un plat à gratin de 2 litres. Mélangez la farine, le sucre et les épices dans un petit bol. Incorporez le reste du beurre, à la main. Ajoutez les noix. Parsemez ce mélange sur la purée et enfournez pour 30 minutes.

1 277 KCAL PAR PORTION / LIPIDES **75,2 G** dont 26,7 G de graisses saturées
GLUCIDES **61,8 G** / PROTÉINES **81,2 G** / FIBRES **6,3 G**

6 PERS. | Préparation + cuisson 1 h 20

Coquelets cajun

INGRÉDIENTS

6 coquelets de 500 g chacun
2 c. à s. d'huile d'olive
1 petit oignon blanc (80 g) grossièrement râpé
2 gousses d'ail écrasées
2 c. à s. de paprika doux
2 c. à c. de cannelle moulue
2 c. à c. de fenouil moulu
2 c. à c. d'origan séché

SAUCE TOMATE ÉPICÉE

6 grosses tomates roma (540 g) coupées en deux
1 c. à s. d'huile d'olive
1 petit oignon moyen (150 g) finement haché
2 gousses d'ail écrasées
1 c. à s. de paprika doux
1 c. à c. de paprika fumé
1 c. à s. de vinaigre de vin rouge
1 long piment rouge frais finement haché

1. Coupez et jetez le cou des coquelets. Avec des ciseaux, découpez-les le long de chaque côté de leur colonne vertébrale, retirez-la et jetez-la. Retournez les coquelets et appuyez sur la cage thoracique pour l'aplatir.
2. Mélangez les ingrédients restants et badigeonnez les coquelets avec cette sauce. Faites-les cuire 1 heure sur une plancha chaude huilée, en les retournant à mi-cuisson.
3. Pendant ce temps, préparez la sauce tomate épicée.
4. Servez les coquelets avec la sauce tomate épicée.

SAUCE TOMATE ÉPICÉE

Faites cuire les tomates sur une plancha chaude huilée, en les retournant, jusqu'à ce qu'elles soient tendres. Coupez-les en gros morceaux. Faites chauffer l'huile d'olive dans une casserole puis faites-y revenir l'oignon et l'ail, en remuant, jusqu'à ce que l'oignon soit tendre. Ajoutez les épices et faites revenir, en remuant, jusqu'à ce que les arômes se libèrent. Incorporez les tomates, le vinaigre et le piment, et faites cuire sans couvrir, en remuant de temps en temps, 20 minutes environ, jusqu'à ce que la sauce épaississe.

657 KCAL PAR PORTION / LIPIDES **48,8 G** dont 13,6 G de graisses saturées
GLUCIDES **4 G** / PROTÉINES **50,6 G** / FIBRES **2,1 G**

4 PERS. | Préparation + cuisson **55 minutes**

Manchons de poulet frits, purée de pommes de terre et sauce gravy

INGRÉDIENTS

20 manchons de poulet (1,4 kg)
250 ml de lait ribot
150 g de farine ordinaire
60 g d'épices cajun
125 ml d'huile végétale
45 g de beurre
5 pommes de terre moyennes (1 kg) grossièrement hachées
180 ml de lait ribot tiède supplémentaire
45 g de beurre supplémentaire
250 g de haricots verts parés, coupés en tronçons de 4 cm de long
500 ml de bouillon de poulet

1. Mélangez les manchons de poulet et le lait ribot dans un saladier. Couvrez et placez au réfrigérateur pour 3 heures ou toute une nuit. Égouttez le poulet et jetez le lait ribot.
2. Mélangez la farine et les épices cajun dans un saladier, ajoutez les manchons de poulet et remuez pour les enrober. Couvrez et placez au réfrigérateur pour 30 minutes. La farine va devenir humide et former une pâte.
3. Préchauffez le four à 240 °C.
4. Faites chauffer l'huile et le beurre dans une grande poêle. Retirez l'excédent de pâte à la farine et faites revenir les manchons de poulet à feu moyen, en plusieurs fois, jusqu'à ce qu'ils soient dorés et croustillants.
5. Placez les manchons de poulet sur une grille, au-dessus d'un plat allant au four. Couvrez et enfournez pour 15 minutes. Découvrez et poursuivez la cuisson 10 minutes de plus.
6. Pendant ce temps, faites cuire les pommes de terre à l'eau, à la vapeur ou au micro-ondes, puis égouttez-les. Écrasez-les en purée, avec le lait ribot et le beurre supplémentaires. Couvrez pour maintenir au chaud.
7. Faites cuire les haricots verts à l'eau, à la vapeur ou au micro-ondes.
8. Pour préparer la sauce gravy, mettez le reste de la pâte à la farine et aux épices dans une poêle. Faites chauffer, en remuant, jusqu'à ce qu'elle bouillonne. Versez le bouillon de poulet progressivement et laissez mijoter jusqu'à ce que la sauce bouille et épaississe. Transvasez-la dans un pichet.
9. Servez les manchons de poulet avec la purée de pommes de terre, les haricots verts et la sauce.

1 097 KCAL PAR PORTION / LIPIDES **69,7 G** dont 22,6 G de graisses saturées
GLUCIDES **64,3 G** / PROTÉINES **50,4 G** / FIBRES **6,6 G**

4 PERS.

Préparation + cuisson **1 heure**

Macaronis au fromage

INGRÉDIENTS

280 g de macaronis
4 tranches de lard sans couenne (260 g) coupées en lamelles
40 g de beurre
50 g de farine ordinaire
1 litre de lait
120 g de gruyère grossièrement râpé
40 g de pecorino finement râpé
2 c. à s. de moutarde à l'ancienne
30 g de chapelure sèche
20 g de beurre supplémentaire

1. Préchauffez le four à 200 °C. Huilez un plat à gratin d'une contenance de 2 litres.
2. Faites cuire les macaronis dans une grande casserole d'eau bouillante, puis égouttez-les.
3. Pendant ce temps, faites revenir le lard dans une casserole, en remuant, jusqu'à ce qu'il soit croustillant. Égouttez-le sur du papier absorbant.
4. Faites fondre le beurre dans la même casserole, ajoutez la farine et faites revenir 1 minute en remuant. Versez progressivement le lait. Sans cesser de remuer, laissez cuire la sauce jusqu'à ce qu'elle ait épaissi et qu'elle soit en ébullition. Laissez refroidir 2 minutes, puis incorporez le gruyère, le pecorino et la moutarde.
5. Mélangez les pâtes, la sauce au fromage et le lard dans un grand saladier. Versez la préparation dans le plat à gratin et garnissez-la de chapelure ainsi que de beurre supplémentaire. Faites gratiner les macaronis au four pendant 30 minutes.

922 KCAL PAR PORTION / LIPIDES **47,5 G** dont27,8 G de graisses saturées
GLUCIDES **78,8 G** / PROTÉINES **43,1 G** / FIBRES **3,5 G**

4 PERS. | Préparation + cuisson **45 minutes**

Chowder de poisson

INGRÉDIENTS

45 g de beurre
1 gros oignon jaune (200 g) grossièrement haché
1 gousse d'ail écrasée
2 tranches de lard sans couenne (130 g) grossièrement hachées
2 c. à s. de farine
2 pommes de terre moyennes (400 g) grossièrement coupées
750 ml de lait
500 ml de bouillon de légumes
400 g de filet de poisson blanc à chair ferme grossièrement haché
2 c. à s. de ciboulette fraîche finement hachée

1. Faites fondre le beurre dans une grande casserole puis ajoutez l'oignon, l'ail et le lard. Faites revenir en remuant jusqu'à ce que l'oignon soit tendre.
2. Ajoutez la farine, faites revenir 1 minute en remuant, puis ajoutez les pommes de terre, le lait et le bouillon. Portez à ébullition. Baissez le feu, couvrez et laissez mijoter 10 minutes.
3. Ajoutez le poisson. Laissez mijoter à découvert 4 minutes, jusqu'à ce qu'il soit cuit. Servez la soupe dans des bols, agrémentée de ciboulette. Accompagnez de pain croustillant, si vous le souhaitez.

433 KCAL PAR PORTION / LIPIDES **19,5 G** dont 11,6 G de graisses saturées
GLUCIDES **28,4 G** / PROTÉINES **34,8 G** / FIBRES **2,4 G**

18 PIÈCES | Préparation + cuisson **40 minutes**

Croquettes de maïs

INGRÉDIENTS

150 g de farine avec levure incorporée
½ c. à c. de bicarbonate de soude
1 c. à c. de cumin moulu
180 ml de lait
2 œufs, blancs et jaunes séparés
330 g de grains de maïs frais
2 ciboules émincées
2 c. à s. de coriandre fraîche ciselée

1. Tamisez la farine, le bicarbonate de soude et le cumin au-dessus d'un saladier. À l'aide d'un fouet, incorporez progressivement le lait et les jaunes d'œufs, jusqu'à obtention d'une pâte lisse.

2. Avec un batteur, battez les blancs d'œufs dans un bol jusqu'à ce qu'ils forment des pics.

3. Incorporez le maïs, les ciboules et la coriandre à la pâte, puis les blancs d'œufs.

4. Dans une grande poêle huilée et préchauffée, versez 2 cuillerées à soupe de la préparation par croquette, puis aplatissez de sorte à former des petites galettes. Faites rissoler les croquettes environ 2 minutes de chaque côté, retirez-les de la poêle et couvrez-les pour les maintenir au chaud. Répétez l'opération afin d'obtenir 18 croquettes.

5. Parsemez de feuilles de coriandre fraîche et servez avec un chutney de tomates.

63 KCAL PAR PORTION / LIPIDES **1,3 G** dont 0,5 G de graisses saturées
GLUCIDES **9,9 G** / PROTÉINES **2,7 G** / FIBRES **1,2 G**

12 PIÈCES | Préparation + cuisson **40 minutes**

Hash browns

INGRÉDIENTS

1 kg de pommes de terre avec la peau
1 petit oignon jaune (80 g) finement haché
2 c. à c. de romarin frais ciselé
60 g de beurre clarifié

1. Faites cuire les pommes de terre à l'eau, à la vapeur ou au micro-ondes, puis égouttez-les. Laissez-les refroidir.

2. Pelez les pommes de terre et coupez-les en dés de 1 cm de côté. Dans un grand saladier, mélangez-les avec l'oignon et le romarin.

3. Faites chauffer 1/3 du beurre clarifié dans une poêle à fond épais, puis placez 4 cercles à œufs dans la poêle. Déposez 2 cuillerées à soupe de la préparation dans chaque cercle puis tassez légèrement avec une spatule. Faites cuire les hash browns, en pressant régulièrement à l'aide de la spatule, jusqu'à ce qu'ils soient dorés sur le dessous, puis retournez-les. Égouttez-les sur du papier absorbant et couvrez-les pour les maintenir au chaud. Répétez l'opération pour obtenir 12 hash browns.

101 KCAL PAR PORTION / LIPIDES **5,1 G** dont 3,3 G de graisses saturées
GLUCIDES **11,4 G** / PROTÉINES **2,1 G** / FIBRES **1,8 G**

2 PERS. | Préparation + cuisson **25 minutes**

Croquettes de courgette, carotte et maïs, salade d'avocat à la coriandre

INGRÉDIENTS
1 épi de maïs (400 g)
1 petite courgette (90 g)
1 carotte moyenne (120 g)
1 œuf
45 g de farine de riz
2 c. à s. d'eau
1 c. à s. d'huile de son de riz (dans les magasins bio)

SALADE D'AVOCAT À LA CORIANDRE
½ avocat moyen
1 petite tomate (90 g)
1 c. à s. de jus de citron
2 c. à s. de coriandre fraîche finement hachée

1. Enlevez les feuilles et les barbes de l'épi de maïs. Détachez les grains. Vous avez besoin de 8 cuillerées à soupe de grains de maïs. Faites cuire le maïs dans une petite casserole d'eau bouillante. Égouttez-le et laissez-le refroidir.
2. Râpez grossièrement la courgette et pressez pour retirer l'eau. Pelez et râpez grossièrement la carotte. Séparez le blanc du jaune d'œuf. Mélangez la courgette, la carotte, le maïs, le jaune d'œuf, la farine et l'eau dans un saladier. Assaisonnez.
3. Montez le blanc d'œuf en neige dans un saladier et incorporez-le au mélange précédent. Formez 6 croquettes.
4. Faites chauffer l'huile dans une poêle et faites cuire les croquettes, en plusieurs fois, 2 minutes de chaque côté, jusqu'à ce qu'elles soient dorées.
5. Pendant ce temps, préparez la salade d'avocat à la coriandre. Servez les croquettes avec la salade.

SALADE D'AVOCAT À LA CORIANDRE
Pelez et dénoyautez l'avocat. Coupez l'avocat et la tomate en dés, puis mélangez-les avec le jus de citron et la coriandre dans un bol. Assaisonnez.

359 KCAL PAR PORTION / LIPIDES **21,4 G** dont 5,2 G de graisses saturées
GLUCIDES **29,9 G** / PROTÉINES **8,8 G** / FIBRES **5,6 G**

6 PIÈCES | Préparation + cuisson **45 minutes**

DESSERTS & SMOOTHIES

Muffins aux fruits rouges, ricotta et menthe

INGRÉDIENTS

8 c. à s. de feuilles de menthe fraîche
300 g de farine avec levure incorporée
150 g de farine
¼ de c. à c. de bicarbonate de soude
125 g de beurre
165 g de sucre roux
225 g d'un mélange de fruits rouges frais ou surgelé
180 g de ricotta
1 œuf
180 ml de lait
2 c. à c. de sucre glace

1. Préchauffez le four à 200 °C. Beurrez une plaque à 6 muffins (180 ml).
2. Hachez finement les feuilles de menthe. Tamisez les farines et le bicarbonate de soude au-dessus d'un saladier. Ajoutez le beurre et sablez la pâte grossièrement du bout des doigts. Incorporez le sucre, les fruits rouges, la ricotta émiettée et la menthe. Ajoutez l'œuf battu et le lait, puis remuez sans trop mélanger (la pâte doit rester grumeleuse).
3. Répartissez la pâte dans les moules. Faites cuire 35 minutes au four. Laissez reposer les muffins 5 minutes avant de les démouler sur une grille. Saupoudrez-les de sucre glace avant de servir.

ASTUCE DU CHEF

Vous pouvez congeler les muffins 3 mois en les enveloppant individuellement dans du film alimentaire. Décongelez-les toute la nuit au réfrigérateur ou passez-les au micro-ondes 30 secondes à puissance maximale.

614 KCAL PAR PORTION / LIPIDES **23,6 G** dont 14,6 G de graisses saturées
GLUCIDES **84,2 G** / PROTÉINES **13,6 G** / FIBRES **5,2 G**

12 PIÈCES

Préparation + cuisson **30 minutes**

Muffins aux fruits rouges

INGRÉDIENTS

375 g de farine avec levure incorporée
100 g de beurre coupé en gros dés
220 g de sucre en poudre
310 ml de lait ribot
1 œuf légèrement battu
200 g d'un mélange de fruits rouges surgelé

1. Préchauffez le four à 200 °C. Garnissez de caissettes en papier un moule à muffins de 12 alvéoles d'une contenance de 80 ml.
2. Tamisez la farine au-dessus d'un saladier. Incorporez le beurre, en travaillant le mélange du bout des doigts. Incorporez le sucre, le lait ribot et l'œuf. Ne remuez pas trop : la préparation doit rester grumeleuse. Ajoutez les fruits rouges.
3. Répartissez la pâte dans les caissettes. Faites cuire au four 20 minutes. Laissez reposer 5 minutes avant de démouler sur une grille. Laissez refroidir.

ASTUCE DU CHEF

Vous pouvez utiliser n'importe quels fruits rouges, frais ou surgelés. Ces muffins se conservent jusqu'à 2 jours dans un récipient hermétique.

268 KCAL PAR PORTION / LIPIDES **8,2 G** dont 5 G de graisses saturées
GLUCIDES **42,4 G** / PROTÉINES **5,1 G** / FIBRES **1,6 G**

12 PIÈCES

Préparation + cuisson 1 h 50

Cupcakes aux fruits rouges

INGRÉDIENTS
125 g de beurre ramolli
½ c. à c. d'extrait de vanille
150 g de sucre en poudre
2 œufs
150 g de fruits rouges séchés
70 g d'amandes effilées
100 g de farine ordinaire
50 g de farine avec levure incorporée
60 ml de lait

FRUITS GLACÉS
150 g de myrtilles fraîches
120 g de framboises fraîches
1 blanc d'œuf légèrement battu
2 c. à s. de sucre vanillé

CRÈME AU FROMAGE FRAIS
30 g de beurre ramolli
80 g de fromage frais
240 g de sucre glace

1. Préparez les fruits glacés.
2. Préchauffez le four à 180 °C. Garnissez un moule à muffins de 12 alvéoles de caissettes en papier.
3. Fouettez le beurre, l'extrait de vanille, le sucre et les œufs à l'aide d'un batteur électrique, jusqu'à obtention d'un mélange léger et mousseux.
4. Ajoutez les fruits rouges séchés et les amandes. Incorporez les 2 farines tamisées puis le lait. Répartissez la préparation dans les caissettes. Lissez la surface.
5. Enfournez pour 35 minutes. Démoulez et laissez refroidir sur une grille.
6. Préparez la crème au fromage frais.
7. Nappez les petits gâteaux de crème et décorez de fruits glacés.

FRUITS GLACÉS

À l'aide d'un pinceau, enduisez délicatement chaque baie de blanc d'œuf. Tournez les fruits dans le sucre et disposez-les sur un plateau recouvert de papier sulfurisé. Laissez sécher environ 1 heure.

CRÈME AU FROMAGE FRAIS

Fouettez le beurre et le fromage frais dans un saladier, à l'aide d'un batteur électrique, jusqu'à obtention d'un mélange léger. Incorporez progressivement le sucre glace tamisé.

278 KCAL PAR PORTION / LIPIDES **15,9 G** dont 4,3 G de graisses saturées
GLUCIDES **31,3 G** / PROTÉINES **4,6 G** / FIBRES **3,8 G**

40 PIÈCES | Préparation + cuisson 1 h 30

Cookies aux pépites de chocolat

INGRÉDIENTS

250 g de beurre ramolli
1 c. à c. d'extrait de vanille
165 g de sucre en poudre
165 g de cassonade blonde
1 œuf
335 g de farine
1 c. à c. de bicarbonate de soude
375 g de pépites de chocolat noir

1. Battez le beurre, l'extrait de vanille, le sucre, la cassonade et l'œuf dans un saladier, au batteur électrique, jusqu'à obtention d'une pâte légère et mousseuse. Ajoutez la farine tamisée et le bicarbonate, en 2 fois. Incorporez les pépites de chocolat. Couvrez et placez pour 1 heure au réfrigérateur.
2. Préchauffez le four à 180 °C. Graissez 2 plaques de cuisson.
3. Formez des boules avec des cuillerées à soupe rases de pâte et disposez-les sur les plaques, espacées de 3 cm. Enfournez pour 12 minutes, puis laissez refroidir sur les plaques.

155 KCAL PAR PORTION / LIPIDES **8,2 G** dont 6 G de graisses saturées
GLUCIDES **19,5 G** / PROTÉINES **1,5 G** / FIBRES **0,8 G**

4 PERS. | Préparation + cuisson **45 minutes**

Pain perdu aux pommes et sauce caramel

INGRÉDIENTS

2 pommes rouges (400 g)
55 g de sucre
2 c. à c. de zeste de citron finement râpé
1 c. à c. de cannelle moulue
4 œufs
180 ml de lait
60 ml de crème liquide
55 g de sucre supplémentaire
4 tranches de brioche
de 3 cm d'épaisseur (240 g)
60 g de beurre
2 c. à c. de sucre glace

SAUCE CARAMEL

80 g de beurre
75 g de sucre roux
160 ml de crème liquide

1. Pelez les pommes, coupez-les en quatre et épépinez-les. Coupez-les en fines tranches et mélangez-les avec le sucre, le zeste de citron et la cannelle dans un saladier.
2. Battez les œufs, le lait, la crème et le sucre supplémentaire dans un saladier.
3. Préchauffez le four à 180 °C.
4. Incisez les tranches de brioche dans l'épaisseur pour faire une poche, en laissant une bordure de 1 cm. Glissez les tranches de pomme dans la poche. Conservez le jus restant au fond du saladier pour la sauce caramel. Trempez les tranches de brioche dans le lait des 2 côtés et mettez-les dans un plat à four ou sur une plaque de cuisson. Versez le reste du lait sur le pain.
5. Faites chauffer la moitié du beurre dans une grande poêle. Faites cuire la moitié des tranches de brioche jusqu'à ce qu'elles soient dorées des 2 côtés. Mettez-les sur une plaque de cuisson recouverte de papier sulfurisé. Essuyez la poêle et recommencez avec le reste du beurre et de la brioche. Mettez la plaque de cuisson au four et faites cuire 10 minutes, jusqu'à ce que les pommes soient tendres.
6. Préparez la sauce caramel.
7. Saupoudrez le pain perdu de sucre glace et servez-le avec la sauce caramel. Vous pouvez l'accompagner de yaourt ou de crème si vous le souhaitez.

SAUCE CARAMEL

Mélangez le beurre, le sucre, la crème et le jus réservé dans une casserole moyenne. Faites chauffer à feu doux, en remuant, jusqu'à ce que le beurre soit fondu, puis portez à ébullition et retirez du feu.

498 KCAL PAR PORTION / LIPIDES **19,8 G** dont 9,6 G de graisses saturées
GLUCIDES **67,7 G** / PROTÉINES **13,7 G** / FIBRES **2,6 G**

6 PERS.

Préparation + cuisson **40 minutes**

Churros et chocolat chaud

INGRÉDIENTS

100 g de beurre
250 ml d'eau
150 g de farine
3 œufs
huile de friture
75 g de sucre
1 c. à c. de cannelle moulue

CHOCOLAT CHAUD

180 g de chocolat noir
1 litre de lait
250 ml d'eau
110 g de sucre
35 g de cacao en poudre

1. Coupez le beurre en dés. Portez le beurre et l'eau à ébullition dans une casserole moyenne. Ajoutez la farine tamisée et mélangez énergiquement avec une cuillère en bois, jusqu'à ce que la pâte se détache des parois de la casserole et forme une boule.
2. Versez la pâte dans un saladier et ajoutez les œufs un à un, tout en fouettant avec un batteur électrique, 1 minute environ, jusqu'à ce que la pâte soit brillante.
3. Préparez le chocolat chaud.
4. Faites chauffer l'huile dans une friteuse ou une grande casserole. Versez la pâte dans une poche munie d'une douille cannelée de 1 cm de diamètre. Faites tomber dans l'huile des bandes de pâte de 15 cm de long. Coupez les bandes de pâte avec un couteau pointu ou des ciseaux. Faites frire 4 churros à la fois, 2 minutes environ de chaque côté. Égouttez-les sur du papier absorbant. Roulez les churros chauds dans le sucre mélangé à la cannelle.
5. Servez les churros aussitôt et dégustez-les en les trempant dans le chocolat chaud servi dans des tasses ou des verres.

CHOCOLAT CHAUD

Cassez le chocolat en morceaux dans une grande casserole. Ajoutez le lait, l'eau, le sucre et le cacao tamisé. Fouettez sur feu doux jusqu'à ce que le chocolat soit fondu. Réservez au chaud ou sur feu très doux.

701 KCAL PAR PORTION / LIPIDES **39 G** dont 23,7 G de graisses saturées
GLUCIDES **75,6 G** / PROTÉINES **14,1 G** / FIBRES **2,6 G**

8 PERS.

Préparation + cuisson 1 h 45

Apple pie

INGRÉDIENTS

10 pommes moyennes (1,5 kg)
125 ml d'eau
50 g de sucre en poudre
1 c. à c. de zeste de citron finement râpé
¼ de c. à c. de cannelle moulue
1 blanc d'œuf
1 c. à s. de sucre en poudre supplémentaire

PÂTE

150 g de farine ordinaire
75 g de farine avec levure incorporée
35 g de fécule de maïs
30 g de préparation pour crème anglaise en poudre
1 c. à s. de sucre en poudre
90 g de beurre froid coupé en morceaux
1 jaune d'œuf
60 ml d'eau glacée

1. Préparez la pâte.
2. Pelez et épépinez les pommes, puis coupez-les en tranches épaisses. Mettez-les dans une casserole, avec l'eau, et portez à ébullition. Baissez le feu et laissez frémir 10 minutes environ, jusqu'à ce qu'elles ramollissent. Égouttez-les, ajoutez le sucre, le zeste et la cannelle. Laissez refroidir.
3. Préchauffez le four à 220 °C. Graissez un moule à tarte à bords hauts de 25 cm de diamètre.
4. Divisez la pâte en deux. Étalez un morceau entre 2 feuilles de papier sulfurisé de façon à obtenir un disque de taille adaptée au moule. Foncez le fond et les bords du moule.
5. Versez la garniture et badigeonnez les bords de la pâte avec du blanc d'œuf, au pinceau.
6. Étalez l'autre morceau de pâte de façon à avoir un disque suffisamment grand pour recouvrir la garniture. Mettez-le sur la tarte et appuyez pour sceller les bords. Coupez l'excédent de pâte. Badigeonnez le dessus avec du blanc d'œuf, au pinceau, et saupoudrez de sucre supplémentaire. Faites cuire 20 minutes, puis baissez la température à 180 °C et poursuivez la cuisson 25 minutes.
7. Servez la tarte accompagnée de glace ou de crème anglaise.

PÂTE

Mélangez les ingrédients secs et le beurre à la main pour obtenir une pâte sableuse. Incorporez le jaune d'œuf et l'eau, et mélangez. Pétrissez la pâte sur un plan de travail fariné. Couvrez et placez au réfrigérateur pour 30 minutes.

344 KCAL PAR PORTION / LIPIDES **11,4 G** dont 7 G de graisses saturées
GLUCIDES **53,9 G** / PROTÉINES **4,3 G** / FIBRES **3,7 G**

12 PERS.

Préparation + cuisson **2 h 30**

Cheesecake new-yorkais

INGRÉDIENTS

250 g de biscuits secs sucrés
125 g de beurre fondu
750 g de cream cheese à température ambiante
2 c. à c. de zeste d'orange finement râpé
1 c. à c. de zeste de citron finement râpé
220 g de sucre en poudre
3 œufs
180 ml de crème fraîche
60 ml de jus de citron

GLAÇAGE À LA CRÈME FRAÎCHE

240 ml de crème fraîche
2 c. à s. de sucre en poudre
2 c. à c. de jus de citron

1. Mixez finement les biscuits. Incorporez le beurre et mixez pour bien mélanger. Garnissez le fond et les bords d'un moule à charnière de 24 cm de diamètre avec cette pâte, en appuyant bien. Placez au réfrigérateur pour 30 minutes.
2. Préchauffez le four à 160 °C.
3. Battez le cream cheese, les zestes et le sucre dans un saladier, au batteur électrique, jusqu'à obtention d'une crème onctueuse. Incorporez les œufs, un par un, puis la crème fraîche et le jus de citron.
4. Versez cette garniture dans le moule et enfournez pour 1 h 15. Sortez du four et laissez refroidir 15 minutes.
5. Préparez le glaçage à la crème fraîche et étalez-le sur le cheesecake. Enfournez pour 20 minutes, puis laissez refroidir en laissant la porte du four entrouverte. Placez au réfrigérateur pour 3 heures ou toute une nuit.

GLAÇAGE À LA CRÈME FRAÎCHE
Mélangez les ingrédients dans un bol.

619 KCAL PAR PORTION / LIPIDES **47,8 G** dont 30,1 G de graisses saturées
GLUCIDES **39 G** / PROTÉINES **9,2 G** / FIBRES **0,4 G**

4
PERS.

Préparation
+ cuisson
1 h 30

Cheesecake à la ricotta et cerises rôties

INGRÉDIENTS
1 gousse de vanille
800 g de ricotta
120 g de sucre glace
4 œufs
2 c. à c. d'eau de fleur d'oranger
45 g de pistaches

CERISES RÔTIES
1 orange moyenne (240 g)
400 g de cerises fraîches ou surgelées
2 c. à s. de sucre
1 c. à s. de liqueur d'orange
1 c. à s. de jus de citron

1. Préchauffez le four à 150 °C. Beurrez un moule à manqué de 20 cm de diamètre. Chemisez le fond et la paroi de papier sulfurisé.
2. Fendez la gousse de vanille en deux. Prélevez les graines et mettez-les dans un saladier. Réservez la gousse pour les cerises rôties. Ajoutez la ricotta, le sucre glace, les œufs et l'eau de fleur d'oranger dans le saladier, puis mélangez. Versez la pâte dans le moule et lissez la surface.
3. Mettez le moule dans un plat à four et ajoutez de l'eau bouillante à mi-hauteur du moule. Faites cuire 40 minutes. Retirez le moule du plat à four et laissez refroidir.
4. Faites rôtir les cerises.
5. Hachez grossièrement les pistaches. Démoulez le gâteau à la ricotta et coupez-le en parts. Pour servir, ajoutez les cerises rôties et les pistaches sur le gâteau.

CERISES RÔTIES
Augmentez la température du four à 180 °C. Prélevez le zeste de l'orange à l'aide d'un zesteur. Pressez l'orange pour obtenir 80 ml de jus. Coupez les cerises en deux et dénoyautez-les. Mélangez le zeste, le jus d'orange, les cerises, le sucre et la gousse de vanille réservée dans un plat à four. Faites cuire 10 minutes au four, jusqu'à ce que les cerises soient à peine tendres. Ajoutez la liqueur et le jus de citron, puis mélangez.

ASTUCE DU CHEF
Nous avons utilisé du Grand Marnier qui est à base de cognac, mais vous pouvez utiliser la liqueur d'orange de votre choix.

671 KCAL PAR PORTION / LIPIDES **33,8 G** dont 16,7 G de graisses saturées
GLUCIDES **58,8 G** / PROTÉINES **31,1 G** / FIBRES **2,8 G**

6 PERS. | Préparation + cuisson 1 h 40

Pumpkin pie

INGRÉDIENTS
150 g de farine ordinaire
35 g de farine avec levure incorporée
2 c. à s. de fécule de maïs
2 c. à s. de sucre glace
125 g de beurre froid coupé en morceaux
environ 2 c. à s. d'eau froide

GARNITURE
2 œufs
50 g de cassonade blonde
2 c. à s. de sirop d'érable
240 g de purée de potiron
160 ml de lait concentré non sucré
1 c. à c. de cannelle moulue
½ c. à c. de noix de muscade moulue
1 pincée de quatre-épices moulu

1. Tamisez les farines, la fécule de maïs et le sucre glace au-dessus d'un saladier, puis incorporez le beurre à la main. Ajoutez de l'eau pour que les ingrédients s'agglomèrent.
2. Formez une boule de pâte et pétrissez-la, sur un plan de travail fariné, jusqu'à ce qu'elle soit homogène. Couvrez-la et placez-la pour 30 minutes au réfrigérateur.
3. Préchauffez le four à 200 °C. Étalez la pâte sur un plan de travail fariné, de façon à obtenir un disque assez grand pour garnir un moule de 23 cm de diamètre. Foncez le moule avec la pâte et ôtez ce qui dépasse des bords. Récupérez ces morceaux et formez une deuxième épaisseur de pâte sur les bords du moule, puis ôtez le surplus pour avoir une jolie bordure.
4. Posez le moule sur une plaque, recouvrez la pâte de papier cuisson et de haricots secs. Faites cuire 10 minutes au four. Retirez les haricots et le papier, et poursuivez la cuisson pendant 10 minutes, jusqu'à ce que la pâte soit légèrement dorée. Laissez refroidir. Baissez la température du four à 180 °C.
5. Pendant ce temps, préparez la garniture.
6. Versez-la sur le fond de tarte et enfournez pour 50 minutes environ. Laissez refroidir et servez la tarte saupoudrée de sucre glace tamisé.

GARNITURE
Battez les œufs, la cassonade et le sirop d'érable dans un saladier, au batteur électrique, jusqu'à obtention d'une pâte épaisse. Incorporez la purée de potiron, le lait et les épices.

410 KCAL PAR PORTION / LIPIDES **20,1 G** dont 13 G de graisses saturées
GLUCIDES **47,9 G** / PROTÉINES **8,6 G** / FIBRES **1,7 G**

8 PERS.

Préparation + cuisson **2 h 15**

Pecan pie

INGRÉDIENTS

280 g de noix de pécan grillées
6 jaunes d'œufs
175 g de sirop d'érable
110 g de sucre roux
90 g de beurre fondu
60 ml de crème fraîche épaisse

PÂTE

185 g de farine
50 g de sucre glace
125 g de beurre froid coupé en dés
1 jaune d'œuf
1 c. à c. de jus de citron

1. Beurrez un moule à tarte.
2. Préparez la pâte.
3. Étalez la pâte entre 2 feuilles de papier sulfurisé pour obtenir une abaisse de la taille du moule. Mettez-la en place dans le moule et coupez les bords. Réfrigérez 30 minutes.
4. Préchauffez le four à 180 °C. Tapissez le fond de tarte d'une feuille de papier sulfurisé, garnissez de haricots secs et faites cuire 15 minutes au four. Retirez le papier et les haricots. Prolongez la cuisson à blanc pendant 5 minutes, pour que la pâte soit dorée.
5. Étalez les noix de pécan sur le fond de tarte. Fouettez les jaunes d'œufs, le sirop d'érable, le sucre, le beurre et la crème pour obtenir un mélange homogène. Versez le tout sur les noix et enfournez. Faites cuire 30 minutes. Laissez refroidir avant de servir.

PÂTE

Travaillez du bout des doigts la farine, le sucre glace et le beurre pour obtenir une sorte de chapelure grossière, puis incorporez le jaune d'œuf et le jus de citron. Travaillez la pâte sur un plan de travail fariné, puis formez une boule et mettez-la pour 30 minutes au réfrigérateur.

460 KCAL PAR PORTION / LIPIDES **31 G** dont 4,6 G de graisses saturées
GLUCIDES **40 G** / PROTÉINES **31,9 G** / FIBRES **3,2 G**

8 PERS. | Préparation + cuisson 1 h 35

Carrot cake

INGRÉDIENTS

5 œufs, blancs et jaunes séparés
1 c. à c. de zeste de citron râpé
275 g de sucre en poudre
480 g de carottes grossièrement râpées
240 g de poudre d'amandes
75 g de farine avec levure incorporée
2 c. à c. d'amandes effilées grillées

GLAÇAGE AU FROMAGE BLANC

100 g de fromage blanc
80 g de beurre ramolli
80 g de sucre glace
1 c. à c. de jus de citron

1. Préchauffez le four à 180 °C. Beurrez un moule à gâteau carré de 19 cm de côté. Couvrez le fond de papier sulfurisé.
2. Fouettez en crème épaisse les jaunes d'œufs, le zeste de citron et le sucre. Incorporez les carottes râpées, la poudre d'amandes et la farine tamisée.
3. Montez les blancs d'œufs en neige dans un petit saladier. Ajoutez-les en 2 fois à la pâte. Versez cette dernière dans le moule et faites cuire 1 h 15 au four.
4. Laissez reposer le gâteau 5 minutes, avant de le démouler sur une grille.
5. Préparez le glaçage au fromage blanc.
6. Quand le gâteau est complètement froid, nappez-le de glaçage et répartissez dessus les amandes grillées.

GLAÇAGE AU FROMAGE BLANC
Battez en crème légère le fromage blanc et le beurre. Sans cesser de fouetter, incorporez progressivement le sucre glace et le jus de citron.

491 KCAL PAR PORTION / LIPIDES **29,5 G** dont 3,8 G de graisses saturées
GLUCIDES **47,2 G** / PROTÉINES **13 G** / FIBRES **4,2 G**

8
PERS.

Préparation
+ cuisson
50 minutes

Brownies au chocolat

INGRÉDIENTS
300 g de chocolat noir cassé en morceaux
150 g de beurre coupé en dés
330 g de sucre roux
4 œufs légèrement battus
150 g de farine
120 ml de crème fraîche
75 g de noisettes grillées concassées

SAUCE AU CHOCOLAT
200 g de chocolat noir de dégustation cassé en morceaux
20 g de beurre
¼ de c. à c. d'extrait de vanille
125 ml de crème liquide

1. Préchauffez le four à 180 °C. Graissez un moule carré de 20 cm de côté.
2. Mélangez le chocolat et le beurre dans une casserole et laissez fondre à feu doux, en remuant sans cesse.
3. Versez le mélange dans un saladier, puis incorporez le sucre et les œufs. Ajoutez enfin la farine, la crème et les noisettes. Quand la préparation est homogène, versez-la dans le moule et lissez la surface. Faites cuire au four 30 minutes puis laissez refroidir.
4. Pendant ce temps, préparez la sauce au chocolat.
5. Au moment de servir, coupez le gâteau en rectangles puis nappez-les de sauce au chocolat tiède.

SAUCE AU CHOCOLAT
Faites fondre le chocolat avec le beurre au bain-marie, au-dessus d'une casserole d'eau frémissante. Remuez constamment pour que le mélange soit lisse. Incorporez la vanille et la crème en remuant.

504 KCAL PAR PORTION / LIPIDES **29,7 G** dont 5,2 G de graisses saturées
GLUCIDES **9,7 G** / PROTÉINES **35,1 G** / FIBRES **3,4 G**

2 PERS.

Préparation
10 minutes

Smoothie gourmand

INGRÉDIENTS

1 c. à s. de café soluble
1 c. à s. de cacao amer en poudre
2 c. à c. de sucre
2 c. à s. d'eau bouillante
320 ml de lait froid
6 boudoirs (120 g)
2 c. à s. de mascarpone
2 c. à s. de crème épaisse entière
½ c. à c. de cannelle moulue
10 myrtilles (40 g)
20 g de chocolat noir

1. Mélangez le café, le cacao, le sucre et l'eau dans un saladier. Remuez pour faire fondre le sucre. Incorporez le lait.
2. Coupez chaque boudoir en trois et mettez les biscuits dans 2 verres. Versez le lait sur les biscuits.
3. Mélangez le mascarpone, la crème et la cannelle dans un bol. Versez ce mélange sur les biscuits. Ajoutez les myrtilles et le chocolat noir râpé ou en copeaux sur le dessus.

ASTUCE DU CHEF

Ce smoothie s'inspire du tiramisu. Pour réaliser des copeaux de chocolat, vous pouvez utiliser un épluche-légumes. Préparez le mélange à base de lait la veille au soir et conservez-le au réfrigérateur. Assemblez le smoothie le matin dans une petite boîte hermétique et n'oubliez pas d'emporter une cuillère pour le déguster.

551 KCAL PAR PORTION / LIPIDES **31,1 G** dont 20,3 G de graisses saturées
GLUCIDES **56,7 G** / PROTÉINES **12,5 G** / FIBRES **2 G**

2 PERS.

Préparation + cuisson **30 minutes**

Smoothie noix de coco, mangue et tapioca

INGRÉDIENTS

1 c. à s. de tapioca
125 ml de lait de coco
225 g de mangue au sirop coupée en morceaux
60 ml de jus de citron vert
1 c. à s. de zeste de citron vert finement râpé
1 c. à s. de noix de coco râpée

1. Faites cuire le tapioca dans une petite casserole d'eau bouillante 10 minutes environ, jusqu'à ce qu'il soit tendre. Retirez du feu, couvrez et laissez reposer 10 minutes. Égouttez le tapioca et rincez-le à l'eau froide. Mettez-le dans un bol et couvrez-le d'eau froide. Placez-le au réfrigérateur jusqu'au moment de servir.

2. Mixez le lait de coco, la mangue égouttée, le jus de citron vert et la moitié du zeste dans un blender jusqu'à ce que le mélange soit onctueux.

3. Faites griller à sec la noix de coco dans une petite poêle, en remuant, jusqu'à ce qu'elle soit légèrement dorée. Retirez du feu.

4. Égouttez le tapioca et versez-le dans 2 verres. Versez le mélange mixé dans les verres et remuez. Parsemez les smoothies de noix de coco grillée et du zeste de citron vert restant.

ASTUCE DU CHEF

Faites griller la noix de coco la veille et conservez-la au réfrigérateur. Faites cuire le tapioca et préparez le mélange mixé au lait de coco la veille au soir, et placez-les au réfrigérateur. Assemblez le smoothie le lendemain matin.

212 KCAL PAR PORTION / LIPIDES **15 G** dont 12,9 G de graisses saturées
GLUCIDES **15,2 G** / PROTÉINES **2,2 G** / FIBRES **2,4 G**

4
PERS.

Préparation
+ cuisson
10 minutes

Smoothie mangue-coco

INGRÉDIENTS
2 grosses mangues (1,2 kg)
1 noix de coco verte (1,2 kg)
560 g de yaourt à la grecque
2 c. à s. de miel
1 ½ c. à s. de mélasse de grenade

1. Pelez et coupez les mangues en morceaux.
2. À l'aide d'un couteau pointu, découpez le sommet de la noix de coco fraîche. Versez l'eau de coco dans un blender. Ouvrez la noix de coco, prélevez la chair crémeuse avec une cuillère et mettez-la dans le blender.
3. Ajoutez la mangue et le reste des ingrédients dans le blender. Mixez pour obtenir un mélange lisse et onctueux.

ASTUCE DU CHEF
Congelez préalablement la mangue et l'eau de coco. Cela vous permettra d'obtenir un smoothie glacé.

446 KCAL PAR PORTION / LIPIDES **17,4 G** dont 11,5 G de graisses saturées
GLUCIDES **59,3 G** / PROTÉINES **11,6 G** / FIBRES **3,4 G**

2 PERS. | Préparation **5 minutes**

Jus de betterave, carotte et gingembre

Ôtez les tiges de 1 grosse betterave (200 g) et lavez-la. Coupez-la non pelée en quartiers. Hachez grossièrement 2 carottes moyennes (240 g) et 2 pommes rouges (300 g). Pelez et râpez 2 cm de gingembre (10 g). Mettez la betterave, les carottes et les pommes dans une centrifugeuse pour extraire le jus. Versez dans une carafe et ajoutez le gingembre.

133 KCAL PAR PORTION / LIPIDES **0,3 G** dont 0 G de graisses saturées / GLUCIDES **26,3 G** / PROTÉINES **2,9 G** / FIBRES **8,2 G**

3 PERS. | Préparation **5 minutes**

Smoothie de soja, banane et framboise

Pelez et coupez 1 grosse banane en morceaux. Mixez les morceaux de banane avec 150 g de framboises surgelées, 500 ml de boisson au soja, 1 c. à s. de tahin, 1 c. à c. de graines de lin, 1 c. à c. de graines de tournesol, 1 c. à c. de poudre d'amandes et 1 c. à s. de miel.

268 KCAL PAR PORTION / LIPIDES **10,8 G** dont 1,2 G de graisses saturées / GLUCIDES **33,9 G** / PROTÉINES **7,8 G** / FIBRES **6,4 G**

3 PERS.

Préparation
10 minutes

Smoothie d'ananas à la menthe

Pelez ½ petit ananas (450 g) et retirez-en le cœur. Coupez-le en morceaux et mixez-le avec 125 ml de jus de citron vert, 8 c. à s. de menthe et 1 grosse poignée de glaçons. Servez aussitôt.

47 KCAL PAR PORTION / LIPIDES **0,3 G** dont 0 G de graisses saturées / GLUCIDES **7,1 G** / PROTÉINES **1,4 G** / FIBRES **2,3 G**

3 PERS.

Préparation
5 minutes

Jus détox au concombre

Pelez et râpez 2 cm de gingembre (10 g). Pelez et coupez 1 pamplemousse rose (350 g) en quartiers. Hachez grossièrement 2 miniconcombres non pelées et 2 poires non pelées (460 g). Mettez le pamplemousse, les concombres et la poire dans une centrifugeuse pour extraire le jus. Versez dans une carafe et ajoutez le gingembre.

99 KCAL PAR PORTION / LIPIDES **0,3 G** dont 0 G de graisses saturées / GLUCIDES **20,7 G** / PROTÉINES **1,4 G** / FIBRES **4,2 G**

1 PERS. | Préparation **10 minutes**

Smoothie au thé à l'indienne

Mettez 1 sachet de thé et 125 ml d'eau bouillante dans une tasse. Faites infuser 3 minutes. Retirez le sachet et laissez refroidir. Mixez le thé avec 1 c. à c. de cannelle moulue, 1 c. à c. de cardamome moulue, 1 c. à c. de clous de girofle moulus, 1 c. à c. de gingembre moulu, 2 biscuits secs au gingembre ou autres biscuits secs, 70 g de yaourt à la grecque, 1 c. à s. de miel et 250 ml de lait, jusqu'à ce que le mélange soit onctueux.

393 KCAL PAR PORTION / LIPIDES **14 G** dont 8,7 G de graisses saturées / GLUCIDES **53,7 G** / PROTÉINES **14 G** / FIBRES **0,4 G**

1 PERS. | Préparation **30 minutes**

Smoothie de thé vert au sagou

Faites cuire 1 c. à s. de sagou dans une petite casserole d'eau bouillante 10 minutes environ. Retirez du feu, couvrez et laissez reposer 10 minutes. Égouttez-le et rincez-le à l'eau froide. Mettez-le dans un bol, couvrez-le d'eau froide et placez au réfrigérateur jusqu'au moment de servir. Mixez 1 c. à c. de thé vert matcha, 250 ml de lait et 1 c. à s. de lait concentré sucré. Égouttez le sagou et mettez-le dans un verre. Versez le lait au matcha dans le verre. Mélangez.

ASTUCE DU CHEF

Faites cuire le sagou la veille au soir. Placez-le au réfrigérateur toute la nuit et confectionnez le smoothie le lendemain matin. Le sagou est différent du tapioca.

294 KCAL PAR PORTION / LIPIDES **10,9 G** dont 7,1 G de graisses saturées / GLUCIDES **39,5 G** / PROTÉINES **10,9 G** / FIBRES **0,1 G**

2 PERS. | Préparation 5 minutes

Smoothie énergétique

Mixez 140 g de yaourt, 75 g d'un mélange de fruits rouges surgelé, 1 c. à s. de baies de goji séchées, 1 petite banane coupée en dés, 1 c. à s. de miel, 250 ml de lait, 1 c. à c. de graines de lin et 1 c. à c. de graines de chia, jusqu'à ce que le mélange soit onctueux. Versez le smoothie dans des verres. Ajoutez 1 c. à c. de menthe fraîche en lanières sur le dessus ainsi que 1 c. à c. de graines de lin et 1 c. à c. de graines de chia.

327 KCAL PAR PORTION / LIPIDES **15,2 G** dont 8 G de graisses saturées / GLUCIDES **35,4 G** / PROTÉINES **10,8 G** / FIBRES **3,9 G**

1 PERS. | Préparation 10 minutes

Smoothie à la grenade

Coupez 1 grenade en deux. Soulevez la peau avec une cuillère pour détacher les graines dans un bol. Retirez toute trace de membrane. Réservez 1 c. à c. de graines. Pilez le reste des graines dans un mortier. Filtrez la pulpe dans un blender et jetez les résidus solides. Ajoutez 140 g de yaourt à la grecque, 2 c. à c. de miel et 1 petite banane coupée en dés dans le blender, puis mixez jusqu'à ce que le mélange soit onctueux. Hachez finement 2 c. à c. de pistaches grillées non salées. Versez le smoothie dans un verre et ajoutez les graines de grenade réservées et les pistaches sur le dessus.

532 KCAL PAR PORTION / LIPIDES **19,5 G** dont 9,7 G de graisses saturées / GLUCIDES **66,1 G** / PROTÉINES **14,9 G** / FIBRES **14,3 G**

Shopping pratique

AÇAÏ
Baie d'un palmier de la région amazonienne. La baie est très périssable, cependant on trouve désormais de la pulpe surgelée.

AGAVE, SIROP
Édulcorant produit à partir de la plante du même nom. Il est plus sucré que le sucre et se dissout rapidement.

AMANDE MONDÉES
Amande débarrassée de sa peau brune. Les amandes effilées sont mondées, puis coupées en tranches très fines.

ANCHOIS
Petit poisson argenté de la famille des harengs. On le trouve généralement à l'huile, en conserve ou en bocal.

BAIE DE GOJI (SÉCHÉE)
Elle pousse sur un arbuste tibétain. C'est une source d'antioxydants et de nutriments.

BOUDOIR (BISCUIT)
Appelé aussi biscuit à la cuillère. C'est un biscuit sec et croquant, de forme allongée.

CANNEBERGE SÉCHÉE
Elle a la même saveur légèrement aigre que la canneberge fraîche. On en trouve dans les magasins bio.

CÂPRE
Bouton floral d'un arbuste méditerranéen. Vendu séché et salé ou mariné au vinaigre. Rincez bien avant utilisation.

CHORIZO
Saucisse espagnole fabriquée avec du hachis de porc relevé avec de l'ail, du piment et des épices. Existe fumé ou frais.

CITRON CONFIT
Retirez la pulpe, pressez la peau pour en extraire le jus, rincez bien et coupez en fines lamelles.

CORIANDRE FRAÎCHE
Appelée aussi persil arabe ou chinois. Il s'agit d'une plante aromatique très parfumée aux feuilles vert vif.

CORNICHON
Petite variété de concombre. Les cornichons sont préparés au vinaigre et peuvent être plus ou moins gros.

CREAM CHEESE
Fromage frais et crémeux au lait de vache, de type Philadelphia ou St Môret.

CRESSON
Herbe crucifère poussant dans des lieux humides. Très périssable, il doit être consommé le plus rapidement possible.

EAU DE FLEUR D'ORANGER
Préparée par distillation de fleurs d'oranger. Elle ne peut pas être remplacée par d'autres arômes d'agrumes.

EAU DE ROSE
Préparée par distillation de pétales de rose. Utilisée pour parfumer les desserts.

ÉPINARD
Les feuilles et les tiges vertes sont comestibles. Les pousses d'épinard peuvent aussi se manger crues.

FEUILLE DE CITRONNIER KAFFIR
Vert foncé, elle ressemble à deux feuilles collées en forme de sablier. On la trouve dans les épiceries asiatiques.

GINGEMBRE
Plante d'origine indienne dont la racine est utilisée comme condiment. À conserver au réfrigérateur.

GRAINE DE CHIA
Graine sans gluten, riche en antioxydants, en vitamines et en minéraux. Disponible dans les magasins bio.

GRENADE
Fruit rouge foncé à la peau dure. La grenade contient des centaines de graines entourées d'une pulpe rouge rubis.

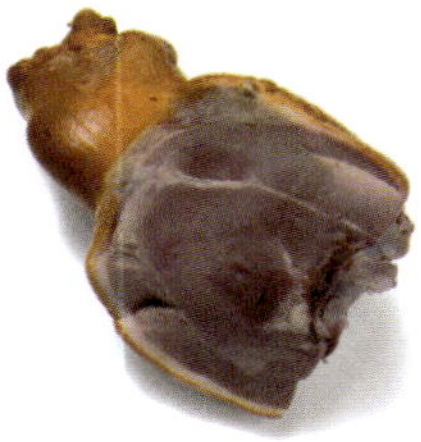

JARRET DE PORC
Morceau de boucherie désignant la partie supérieure des membres du cochon. Il se consomme fumé ou cuit.

MÉLASSE DE GRENADE
Acide et fruitée, elle peut être utilisée comme le vinaigre balsamique. Disponible dans les boutiques orientales.

NOIX DE PÉCAN
Originaire des États-Unis, noix brun-doré à la saveur riche, utilisées dans des plats salés ou sucrés.

OIGNON ROUGE
Également appelé oignon espagnol. Plus doux que l'oignon blanc ou jaune, il est délicieux cru en salade.

OIGNON VERT
Aussi appelé ciboule. Cueilli avant que le bulbe ne se forme, il possède une longue tige verte comestible.

PANCH PHORON
Mélange d'épices contenant des graines de moutarde, de nigelle, de cumin, de fenugrec et de fenouil.

PATATE DOUCE À CHAIR ORANGE
Souvent confondue avec l'igname. Une fois cuite, sa chair est fondante et a un goût de beurre

PIMENTS
Il en existe de tailles et de couleurs différentes, plus ou moins forts. Retirez les graines et les membranes.

PISTACHES
Fruit sec délicatement parfumé dont la coque dure est blanc cassé. Elle est vendue salée et non salée.

POIVRE, GRAINS
Le noir est cueilli avant maturité puis séché ; le vert est conservé en saumure. Le rose provient des baies d'un rosier.

PROSCIUTTO
Jambon italien salé. Séché au sel, il est généralement mangé cru. Il est disponible dans tous les supermarchés.

PRUNEAU
Prune séchée qui se garde au réfrigérateur. On en trouve dans les supermarchés au rayon fruits secs.

QUINOA, FLOCONS
Graine d'une plante faisant partie de la famille des épinards. Il possède une saveur délicate. Se cuit comme le riz.

ROQUETTE
Salade au goût poivré. Les jeunes pousses sont consommées crues.

TAPIOCA
Fécule produite à partir des racines du manioc. On l'utilise comme épaississant.

TOMATE CERISE
Petite et ronde, comme son nom l'indique, elle est vendue en vrac ou en grappe.

TOMATE SEMI-SÉCHÉE
Marinée dans l'huile d'olive, plus juteuse que les tomates séchées, elle se garde aussi moins longtemps.

VANILLE (GOUSSE)
Fruit séché, long et fin, d'une orchidée tropicale. Ses minuscules graines confèrent un délicieux parfum vanillé aux mets.

ZAATAR
Mélange d'épices libanais à base de thym, de sumac, de marjolaine et de graines de sésame.

Annexes

Glossaire

A

AÇAÏ, POUDRE
L'açaï est un petit fruit rond contenant un gros noyau dur, non comestible et une peau pourpre. Le fruit a un goût semblable à un mélange de baies rouges et de chocolat. L'açaï serait riche en antioxydants, même si cela n'est pas encore prouvé scientifiquement.

AGAVE, SIROP
Édulcorant naturel, appelé parfois nectar d'agave, originaire d'Afrique du Sud et du mexique. Le sirop est issu de la sève d'un cactus du même nom, aux feuilles longues et pointues et servant à confectionner la tequila.

ANETH
Plante aromatique utilisée fraîche ou séchée. On utilise également les graines d'aneth, entières ou moulues. L'aneth possède un parfum anisé et de céleri. Les feuilles fraîches ont une saveur plus subtile que l'aneth séché ou en graines.

AVOINE, FLOCONS
Grains d'avoine cuits à la vapeur, aplatis puis séchés et emballés.

B

BACON
Morceau de lard maigre car la partie la plus grasse a été retirée.

BASILIC
Plante aromatique typique de la cuisine italienne.
◇ **pesto** sauce italienne à base de basilic, d'ail, de pignons de pin, de parmesan et d'huile d'olive.

BEURRE
Vous pouvez utiliser du beurre doux ou demi-sel pour réaliser les recettes.

BICARBONATE DE SOUDE
Agent levant utilisé en cuisine.

BOISSON AU RIZ
Obtenue généralement à partir d'eau et de riz complet. Elle contient moins de protéines et de calcium que le lait de vache, mais elle a une teneur en glucides plus élevée et ne contient pas de cholestérol ou de lactose.
La boisson au riz est plus fluide que le lait de vache ou la boisson au soja, plus transparente et possède un goût légèrement sucré.

BOISSON AU SOJA
Boisson à base de graines de soja écrasées dans de l'eau chaude et filtrée. Elle possède un goût végétal assez marqué.

C

CACAO EN POUDRE
Appelé aussi poudre de cacao. Il est fabriqué à partir de pâte de cacao dégraissée et réduite en poudre.

CANNELLE
Épice disponible sous forme de bâton ou de poudre. Il s'agit de l'écorce d'arbustes originaires du Sri Lanka qui s'enroule sur elle-même en séchant.

CARVI
Plante aromatique dont on utilise les graines comme épice. Il s'utilise entier ou moulu.

CHAPELURE
Pain rassis que l'on réduit en poudre et qui sert à saupoudrer certains plats.

CHOCOLAT NOIR
Il contient au moins 43 % de cacao. Il est très utilisé en pâtisserie.

CIBOULETTE
Plante proche de la ciboule, dont les feuilles ressemblent à des tubes.

CLOU DE GIROFLE
Épice à la saveur très piquante, vendue entière ou moulue. Il s'agit du bouton des fleurs du giroflier, qui a la forme d'un clou. À utiliser avec parcimonie en raison de son parfum puissant.

CORIANDRE
En Thaïlande, on utilise les racines et les tiges en cuisine. Lavez les racines soigneusement avant de les utiliser. Les graines de coriandre sont également utilisées en cuisine, mais ne remplacent pas les feuilles fraîches, car les arômes sont différents.

CORNICHON
Petite variété de concombre. Les cornichons sont préparés au vinaigre et sont plus ou moins gros.

COURGE, GRAINES
Graines de courge séchées et décortiquées. Elles sont vertes et possèdent un léger goût de noix.

COURGETTE
Légume plus ou moins long, à la peau plus ou moins vert foncé ou jaune. Les petites courgettes sont plus douces. Les fleurs sont également consommables.

CRÈME
La crème utilisée dans cet ouvrage est généralement de la crème fleurette, c'est-à-dire une crème liquide.
◇ **crème fraîche** il s'agit d'une crème épaisse vendue au rayon des produits frais.

CREVETTE
Il existe différentes variétés et tailles de crevettes. Elles peuvent s'acheter crues ou cuites, décortiquées ou non. La chair des crevettes est délicate et douce.

CUMIN
Plante aromatique originaire du Moyen-Orient appartenant à la famille des ombellifères. Le cumin possède un parfum épicé rappelant le curry. On le trouve entier ou moulu.

F

FARINE
◇ **à pain** il est possible d'utiliser différents types de farines pour préparer de la pâte à pain, qui peuvent être plus ou moins complètes.
◇ **avec levure incorporée** il s'agit de farine de blé contenant de la levure chimique. Vous pouvez la préparer vous-même en mélangeant 100 g de farine et 2 cuillerées à café de levure chimique.
◇ **complète** farine plus riche en gluten qui permet à la pâte à pain de bien lever.
◇ **de riz** elle s'obtient en broyant les brisures de riz.
◇ **T55** farine de blé pour tous usages.

FÈVE
Les fèves fraîches doivent être pelées 2 fois. Il faut d'abord les écosser, les faire blanchir ou cuire avant de retirer la peau qui les entoure. Les fèves congelées sont vendues déjà pelées.

FIL DE CUISINE
Fabriqué en coton ou en chanvre, il ne modifie pas le goût des aliments et ne fond pas à la cuisson.

FROMAGE
◇ **bocconcini** nom venant du terme *boccone* qui signifie « bouchée » en italien. Mozzarella de la taille d'une noix. Un fromage délicat, mou et blanc. Il ne se garde pas longtemps et se conserve au réfrigérateur, dans de l'eau, pendant 2 jours maximum.
◇ **brie** fromage au lait de vache, à pâte molle et à croûte fleurie.
◇ **cheddar** fromage anglais à la pâte friable pouvant être remplacé par du cantal.

◇ **chèvre** fromage préparé avec du lait de chèvre. Les fromages de chèvre ont une saveur assez prononcée. Ils possèdent de nombreuses formes différentes et sont plus ou moins affinés. Ils peuvent également être cendrés ou aux herbes.
◇ **cream cheese** désigne généralement des fromages frais de type Philadelphia ou St Môret.
◇ **feta** fromage frais au lait de brebis d'origine grecque, à la saveur piquante.
◇ **feta à l'huile** feta marinée dans de l'huile d'olive, de l'ail, des herbes et des épices. Disponible au rayon frais des supermarchés.
◇ **gruyère** fromage suisse à pâte pressée cuite.
◇ **haloumi** fromage originaire de Chypre qui présente la particularité de ne pas fondre à la cuisson.
◇ **mascarpone** fromage frais italien très crémeux et onctueux.
◇ **mozzarella** fromage italien à pâte molle, au lait de bufflonne ou de vache. De texture caoutchouteuse, elle fond facilement.
◇ **parmesan** fromage à pâte dure italien, appelé également *parmigiano*. À base de lait de vache, il reste dans un bain de saumure pendant 1 mois avant d'être affiné entre 12 et 24 mois.
◇ **ricotta** le nom de ce fromage de vache à pâte molle blanche signifie « recuite ». Il est à base de petit-lait, un sous-produit d'autres fromages.

H

HARICOT
◇ **blanc** il s'agit ici d'un terme générique désignant toute variété de haricots blancs en boîte ou secs, comme les cannellinis, les lingots blancs ou les cocos blancs.
◇ **cannellini** petit haricot blanc très répandu en Italie.
◇ **vert** haricot vert long et fin pouvant être consommé entier.

HUILE
◇ **de son de riz** extraite à partir du son de riz, qui est la pellicule protectrice entre le grain et la balle du riz. Son goût est peu marqué et subtil. Son point de fumée étant très élevé (240 °C), elle peut être utilisée pour les fritures et les cuissons à feu vif.
◇ **de truffe** huile parfumée à la truffe. Faites attention lors de l'achat, car de nombreuses huiles à la truffe contiennent seulement de l'arôme artificiel de truffe, et non un arôme naturel.

I

ICEBERG, LAITUE
Salade verte ronde à feuilles croquantes.

J

JALAPEÑO
Piment vert relativement fort. Ce piment est vendu frais, au vinaigre, en bocal ou en conserve.

L

LAIT
◇ **lait concentré sucré** il s'agit d'un lait en conserve qui ne contient que 25 % d'eau et auquel on a ajouté du sucre.

LENTILLE VERTE DU PUY
Petite lentille ronde et plate qui a la réputation d'être la meilleure lentille verte, car elle a un léger goût poivré et ne se défait pas à la cuisson.

LEVURE DE BOULANGER
Agent levant. Comptez 7 g de levure sèche pour remplacer 15 g de levure fraîche.

LIN, GRAINES
Riches en protéines et en oméga-3 bons pour la santé cardio-vasculaire.

M

MATCHA
Thé vert en poudre. Disponible dans les boutiques de thé ou les épiceries asiatiques.

MAYONNAISE
Sauce riche et onctueuse à base d'huile, de moutarde, de vinaigre et de jaune d'œuf. La mayonnaise utilisée dans nos recettes est de la mayonnaise entière.

MÉLANGE D'ÉPICES POUR PAIN D'ÉPICES
Mélange généralement à base de cannelle, d'anis vert, de gingembre, de muscade et de girofle.

MENTHE
Il existe de nombreuses variétés de menthes, notamment la menthe poivrée à la saveur plus piquante, la menthe douce et la menthe commune à la saveur plus douce.

MOUTARDE
◇ **à l'ancienne** moutarde aux graines apparentes.
◇ **de Dijon** moutarde jaune pâle, lisse, parfumée, plus ou moins forte.

MUESLI
Mélange de céréales (souvent des flocons d'avoine) et de fruits secs. Certains mueslis sont grillés dans l'huile et le miel pour plus de croustillant, mais également plus de calories.

MYRTILLE
Baie ronde bleu marine à bleu-noir couvertes d'une fine poudre blanche ou « pruine ». Elle s'abîme vite : gardez-la au frais et utilisez-la très rapidement.

N

NOIX DE COCO
◇ **copeaux** noix de coco coupée en copeaux.
◇ **lait** extraction de la chair de la noix de coco râpée.
◇ **râpée** chair râpée de la noix de coco séchée.

O

ŒUF
Certaines recettes utilisent des œufs crus ou à peine cuits. Choisissez des œufs extrafrais et respectez les précautions d'usage concernant la salmonellose.

ORIGAN
Herbe aromatique dite aussi marjolaine sauvage. Elle présente une tige dure et ramifiée avec des petites feuilles ovales et vert foncé. Elle possède une odeur très aromatique rappelant celle du thym.

P

PAIN
◇ **au levain** pain dont la pâte a été mise à lever avec du levain.
◇ **bagel** petit pain rond au levain, en forme d'anneau, sans œufs, à la texture ferme et à la croûte croquante.
◇ **brioche** pâtisserie faite avec une pâte levée, du beurre et des œufs.
◇ **ciabatta** en italien, ce mot signifie « pantoufle », certainement en raison de la forme de ce pain blanc croustillant très apprécié.
◇ **muffins** petits pains ronds moelleux, généralement servis au petit déjeuner, soit avec de la confiture, soit avec des œufs, du bacon ou du fromage. Coupez-les en deux dans

l'épaisseur et faites-les griller.

◇ **pains à hot dog** petits pains allongés à la pâte briochée. Souvent coupés au sommet mais pouvant être ouverts en deux sur le côté.

◇ **tortilla** galette plate de farine de maïs ou de blé, originaire du Mexique.

◇ **turc** pain rond et plat, appelé également pide. Il mesure environ 45 cm de diamètre, mais existe aussi en version individuelle. Il est à base de farine de blé et parsemé de graines de sésame ou de nigelle.

PAMPLEMOUSSE ROSE
Pamplemousse à chair rose.

PAPRIKA
Il s'agit de l'épice préparée à partir du poivron rouge moulu. Il existe plusieurs types de paprika, notamment le doux, le fort et le fumé.

PASTRAMI
Le nom vient du roumain « pastra » qui signifie « conserver ». Poitrine de bœuf cuite et fumée.

PERSIL PLAT
Plante aromatique. Le persil plat est plus parfumé que le persil frisé.

PIGNON DE PIN
Il s'agit de la graine que l'on trouve dans les pommes de pin. Conservez-la au réfrigérateur.

POIVRON
Il faut retirer les graines et les membranes blanches avant de l'utiliser. Il est également vendu grillé, en bocal.

POLENTA
Farine de maïs. La polenta traditionnelle met normalement 40 minutes à cuire mais il en existe aujourd'hui des versions précuites qui permettent de réduire le temps de cuisson.

Q

QUINOA, FLOCONS
Vous les trouverez dans les magasins bio. Conservez-les dans un récipient hermétique au réfrigérateur car ils rancissent rapidement.

S

SAGOU
Bien que ressemblant à du tapioca, le sagou est différent. Il est extrait du sagoutier qui est un palmier, alors que le tapioca est extrait du manioc.

SAUCE
◇ **coulis de tomate** sauce à base de tomates et éventuellement d'herbes et d'épices.

◇ **nuoc-mâm** sauce asiatique appelée également sauce de poisson. Elle est préparée à base de poissons salés fermentés, généralement des anchois ou des calamars. Ayant un goût marqué, cette sauce doit être utilisée avec parcimonie.

◇ **sauce pimentée sucrée** sauce à base de piments et de sucre.

◇ **Worcestershire** condiment d'origine anglaise préparé avec de l'ail, de la sauce soja, du tamarin, des oignons, de la mélasse, du citron vert, des anchois, du vinaigre et des épices.

SAUGE
Plante aromatique aux petites feuilles vert pâle, au goût légèrement amer.

SAUMON
Poisson possédant peu d'arêtes et une chair orangée. La saveur du saumon est délicate.

SIROP D'ÉRABLE
Spécialité canadienne, fabriquée à partir de la sève de l'érable. Choisissez un véritable sirop d'érable canadien.

SUCRE
◇ **en poudre** sucre blanc cristallisé.

◇ **glace** il s'agit d'un sucre finement broyé et additionné de 3 % d'amidon.

◇ **roux** sucre en poudre issu de la canne à sucre.

T

TAHIN
Pâte de sésame onctueuse très utilisée au Moyen-Orient, surtout au Liban. Il entre dans la composition du houmous.

TOMATE
◇ **concentré de tomates** il s'obtient à partir de tomates réduites en purée. Il existe du triple ou double concentré de tomates.

◇ **grappe** tomate possédant encore sa tige.

TOURNESOL, GRAINES
Graines séchées du tournesol.

TRUITE SAUMONÉE
Truite à chair rose. Peut être remplacée par du saumon.

V

VANILLE
◇ **extrait de vanille** obtenu par macération de la vanille dans de l'eau. Il s'agit d'une version sans alcool de l'essence de vanille.

◇ **gousse de vanille** fruit du vanillier. Les petits grains à l'intérieur de la gousse sont utilisés pour parfumer les desserts.

VINAIGRE
◇ **balsamique** ce vinaigre brun foncé, doux et parfumé, est fabriqué à partir des raisins de la région de Modène en Italie. Utilisez les vinaigres balsamiques les plus chers en petite quantité.

◇ **blanc** vinaigre incolore appelé aussi vinaigre d'alcool ou vinaigre cristal. Il est obtenu par acétification d'alcool de betterave.

◇ **de vin blanc** vinaigre préparé à partir de vin blanc.

Y

YAOURT
Nous avons utilisé du yaourt nature entier, sauf indication contraire.

◇ **à la grecque** yaourt au lait de brebis ou de vache entier. Il possède une consistance onctueuse et lisse.

Index

Extraits de *Breakfast* publié pour la première fois en 2012 et de *Worlde Table* publié pour la première fois en 2010 en Australie par ACP Magazines Ltd.

Traduction : Florence Raffy
Conception graphique de l'intérieur : Aurélie Vitoux
Mise en pages : Les PAOistes
Relecture-correction : Clémentine Bougrat
Suivi éditorial : Natacha Kotchetkova

Édité par Hachette Livre, 43, quai de Grenelle, 75905 Paris Cedex 15.
Dépôt légal : janvier 2014
ISBN : 978-2-501-09326-2
41-4723-7/01
Achevé d'imprimer en octobre 2013 sur les presses de Macrolibros, Espagne.